초보자를 위한 통조림 및 보존 요리책 2023

맛있는 수확. **100** 가지 활기찬 요리 창조물로 통조림 및 보존을 향한 초보자의 여정

소영 손

솜마리오

소개

" 초심자를 위한 통조림 및 보존 요리책 2023" 을 사용하여 자신있게 보존 및 통조림의 세계로 들어가십시오. 이 필수 가이드는 제철 풍미를 보존하고 좋아하는 음식의 유통 기한을 연장하는 여정을 시작하기 위해 알아야 할 모든 것을 담고 있습니다. 다양한 보존 기술과 다양한 맛을 보여주는 100 가지 컬러 레시피가 포함된 이 책은 수확물을 보존하고 집에서 만든 좋은 맛을 음미하려는 모든 사람에게 꼭 필요한 책입니다.

- 기본 사항 알아보기: 따라하기 쉬운 지침과 전문가 팁을 통해 통조림 및 보존의 기본 사항에 대해 자세히 알아보세요. 가장 신선한 재료를 선택하고 필수 장비를 이해하는 것부터 다양한 보존 방법을 익히는 것까지 이 요리책은 모든 단계를 안내합니다. 자신감을 키우고 맛있는 잼, 피클, 잼 등을 만드세요.
- 계절 보존: 절정에 달하는 과일, 채소 및 허브의 생생한 풍미를 보존하여 각 계절의 본질을 포착합니다. 톡 쏘는 여름 토마토 소스부터 향긋한 가을 과일 잼, 푸짐한 겨울 야채 수프까지 자연의 풍요로움을 기념하는 레시피를 살펴보세요. 사계절 내내 제철의 맛을 즐기는 즐거움을 느껴보세요.
- 창의적이고 다양한 레시피: 보존 식품의 다재다능함을 보여주는 100 가지 컬러 레시피로 요리 레퍼토리를 확장하세요. 달콤한 것부터 풍미 있는 것까지, 풍미 가득한 처트니, 톡 쏘는 양념, 톡 쏘는 과일 버터, 아로마 허브 주입 오일과 같은 다양하고 맛있는 창조물을 탐험해보세요. 식사를 향상시키고 사랑하는 사람에게 깊은 인상을 남길 수 있는 새로운 방법을 발견하십시오.

"초보자를 위한 통조림 및 보존 요리책 2023"은 보존 여정의 필수 동반자입니다.

100 가지 색상의 레시피와 포괄적인 지침이 포함된 이 책은 식품 보존의 비밀을 풀고 집에서 만든 좋은 맛을 즐길 수 있도록 도와줍니다. 음식물 쓰레기에 작별을 고하고 맛있고 영양가 있는 수제 잼으로 가득 찬 팬트리를 만나보세요.

식품 보존의 세계에서 모험을 시작하세요! 오늘 "2023 년 초보자를 위한 통조림 및 보존 요리책"을 주문하고 수확물을 보존하는 풍미 가득한 여정을 시작하세요. 100 가지 색상의 레시피로 창의력을 발휘하여 수제 보존 식품의 맛을 일 년 내내 즐길 수 있습니다. 통조림 및 보존 기술을 마스터할 수 있는 이 기회를 놓치지 마십시오. 지금 사본을 구입하고 계절의 풍미를 보존하십시오!

과일 및 과일 제품

1. 사과버터

재료:

- 사과 8 파운드
- 사이다 2 컵
- 식초 2 컵
- 백설탕 2-1/4 컵
- 포장된 흑설탕 2-1/4 컵
- 계피 가루 2 큰술
- 다진 정향 1 큰술

수확량: 약 8~9 파인트

지도:

a) 줄기, 4 분의 1, 핵심 과일을 씻어서 제거합니다. 사이다와 식초로 부드러워질 때까지 천천히 요리합니다. 소쿠리, 식품 분쇄기 또는 여과기를 통해 과일을 누르십시오. 설탕과 향신료로 과일 펄프를 자주 저어 요리하십시오.

b) 익었는지 테스트하려면 한 숟가락을 꺼내 2 분 동안 증기에서 멀리 둡니다. 버터가 숟가락에 남아 있으면 다 된 것입니다. 버터가 적절하게 익었는지 확인하는 또 다른 방법은 접시에 소량을 숟가락으로 떠보는 것입니다. 액체 테두리가 버터 가장자리에서 분리되지 않으면 통조림으로 만들 준비가 된 것입니다. 멸균된 하프 파인트 또는 파인트 병에 뜨겁게 채우고 1/4 인치 헤드스페이스를 남겨 둡니다.

c) 물에 적신 깨끗한 종이 타월로 병 테두리를 닦습니다. 뚜껑을 조정하고 처리하십시오.

2. 매운 사과 반지

재료:

- 단단한 시큼한 사과 12 파운드(최대 지름, 2-1/2 인치)
- 설탕 12 컵
- 물 6 컵
- 백식초(5%) 1-1/4 컵
- 통 정향 3 큰술
- 3/4 컵 레드 핫 계피 사탕 또는
- 계피 스틱 8 개와
- 빨간색 식용 색소 1 작은술(선택 사항)

수확량: 약 8~9 파인트

지도:

a) 사과를 씻으십시오. 변색을 방지하기 위해 사과를 한 번에 하나씩 껍질을 벗기고 슬라이스합니다. 즉시 가로로 1/2 인치 조각으로 자르고 멜론 볼러로 코어 부분을 제거하고 아스코르브산 용액에 담급니다.

b) 맛을 낸 시럽을 만들려면 설탕, 물, 식초, 정향, 계피 사탕 또는 계피 스틱과 식용 색소를 6qt 냄비에 섞습니다. 약동하고 가열하여 끓인 다음 3 분 동안 끓입니다.

c) 사과를 물기를 빼고 뜨거운 시럽에 넣고 5 분간 조리합니다. 뜨거운 병(입이 넓은 것이 좋음)에 사과 고리와 뜨거운 맛을 낸 시럽을 채우고 1/2 인치 헤드스페이스를 남겨 둡니다.

d) 기포를 제거하고 필요한 경우 헤드스페이스를 조정합니다. 물에 적신 깨끗한 종이 타월로 병 테두리를 닦습니다.

e) 뚜껑을 조정하고 처리하십시오.

3. 매운게사과

재료:

- 크랩 사과 5 파운드
- 사과식초(5%) 4-1/2 컵
- 물 3-3/4 컵
- 설탕 7-1/2 컵
- 통 정향 4 티스푼
- 계피 스틱 4 개
- 신선한 생강 뿌리 1/2 인치 큐브 6 개

수확량: 약 9 파인트

지도:

a) 꽃잎을 제거하고 사과를 씻되 줄기는 붙인 채로 둡니다. 얼음 송곳이나 이쑤시개로 각 사과 껍질에 네 번 구멍을 뚫습니다. 식초, 물, 설탕을 섞어 끓입니다.

b) 양념 주머니나 무명천에 묶인 양념을 추가합니다. 데치는 바구니나 체를 사용하여 한 번에 사과의 1/3 을 끓는 식초/시럽 용액에 2 분 동안 담급니다. 조리된 사과와 양념 백을 깨끗한 1 갤런 또는 2 갤런 그릇에 넣고 뜨거운 시럽을 추가합니다.

c) 덮고 밤새도록 두십시오. 양념 주머니를 제거하고 시럽을 큰 냄비에 붓고 다시 가열하여 끓입니다. 뜨거운 파인트 병에 사과와 뜨거운 시럽을 채우고 1/2 인치 헤드스페이스를 남겨둡니다. 기포를 제거하고 필요한 경우 헤드스페이스를 조정합니다.

d) 물에 적신 깨끗한 종이 타월로 병 테두리를 닦습니다. 뚜껑을 조정하고 처리하십시오.

4. 밭펼

재료:

- 1 인치 멜론 큐브 5 파운드
- 으깬 레드 페퍼 플레이크 1 티스푼
- 1 인치 계피 스틱 2 개
- 다진 정향 2 작은술
- 간 생강 1 티스푼
- 사이다 식초 4-1/2 컵(5%)
- 물 2 컵
- 백설탕 1-1/2 컵
- 포장된 연갈색 설탕 1-1/2 컵

수율: 약 4 파인트 병

지도:

첫째 날:

a) 멜론을 씻고 반으로 자릅니다. 씨앗을 제거하십시오. 1 인치 조각으로 자르고 껍질을 벗깁니다. 살 조각을 1 인치 입방체로 자릅니다.

b) 5 파운드의 무게를 달아 큰 유리 그릇에 담습니다. 고춧가루, 계피 스틱, 정향, 생강을 양념 주머니에 넣고 끝을 단단히 묶습니다.

c) 4 쿼트 냄비에 식초와 물을 섞습니다. 끓인 다음 불을 끕니다. 식초-물 혼합물에 양념 주머니를 넣고 가끔 저어주면서 5 분 동안 담급니다. 그릇에 담긴 멜론 조각 위에 뜨거운 식초 용액과 양념 백을 붓습니다. 식품 등급 플라스틱 뚜껑이나 랩으로 덮고 냉장고에서 밤새도록 둡니다(약 18 시간).

둘째 날:

d) 식초 용액을 8~10 쿼트의 큰 냄비에 조심스럽게 붓고 끓입니다. 설탕을 첨가하십시오; 저어 녹입니다. 멜론을 넣고 다시 끓입니다. 열을 낮추고 멜론 조각이 반투명해질 때까지 끓입니다(약 1~1-1/4 시간). 멜론 조각을 중간 크기의 육수 냄비에 넣고 뚜껑을 덮고 따로 보관합니다.

e) 남은 액체를 끓여서 5 분 더 끓입니다. 멜론을 액체 시럽으로 되돌리고 다시 끓입니다. 슬롯형 스푼을 사용하여 뜨거운 멜론 조각을 뜨거운 파인트 병에 채우고 1 인치 헤드 스페이스를 남겨 둡니다. 끓는 뜨거운 시럽으로 덮고 1/2 인치 헤드 스페이스를 남겨 둡니다.

f) 기포를 제거하고 필요한 경우 헤드스페이스를 조정합니다. 물에 적신 깨끗한 종이 타월로 병 테두리를 닦습니다. 뚜껑을 조정하고 처리하십시오.

5. 크랜베리 오렌지 처트니

재료:

- 신선한 전체 크랜베리 24 온스
- 다진 흰 양파 2 컵
- 황금 건포도 2 컵
- 백설탕 1-1/2 컵
- 포장된 흑설탕 1-1/2 컵
- 백식초(5%) 2 컵
- 오렌지 주스 1 컵
- 껍질을 벗기고 간 신선한 생강 4 티스푼
- 계피 스틱 3 개

수율: 반 파인트 병 약 8 개

지도:

a) 크랜베리를 잘 헹굽니다. 큰 더치 오븐에 모든 재료를 결합합니다. 고열로 끓입니다. 열을 줄이고 15 분 동안 또는 크랜베리가 부드러워질 때까지 부드럽게 끓입니다. 타지 않도록 자주 저어주세요.

b) 계피 스틱을 제거하고 버립니다. 뜨거운 처트니를 뜨거운 하프 파인트 병에 채우고 1/2 인치 헤드스페이스를 남겨둡니다.

c) 기포를 제거하고 필요한 경우 헤드스페이스를 조정합니다. 물에 적신 깨끗한 종이 타월로 병 테두리를 닦습니다. 뚜껑을 조정하고 처리하십시오.

6. 망고처트니

재료:

- 잘 익은 망고 11 컵 또는 4 파운드
- 다진 노란 양파 2-1/2 컵
- 신선한 생강 간 것 2-1/2 큰술
- 다진 생마늘 1-1/2 큰술
- 설탕 4-1/2 컵
- 백식초(5%) 3 컵
- 황금 건포도 2-1/2 컵
- 통조림 소금 1-1 티스푼
- 칠리 파우더 4 티스푼

수율: 약 6 파인트 병

지도:

a) 모든 농산물을 잘 씻으십시오. 망고를 3/4 인치 입방체로 껍질을 벗기고 속을 파내고 자릅니다. 푸드 프로세서 배치당 6 개의 1 초 펄스를 사용하여 푸드 프로세서에서 망고 큐브를 자릅니다. (너무 잘게 썰거나 으깨지 마세요.)

b) 손으로 양파 껍질을 벗기고 깍뚝썰기하고 마늘은 다지고 생강은 갈아줍니다. 8~10 쿼트 냄비에 설탕과 식초를 섞습니다. 끓여서 5 분간 끓인다. 다른 모든 재료를 넣고 다시 끓입니다.

c) 불을 줄이고 가끔 저어주면서 25 분간 끓입니다. 핫 처트니를 핫 파인트 또는 하프 파인트 병에 채우고 1/2 인치 헤드 스페이스를 남겨 둡니다. 기포를 제거하고 필요한 경우 헤드스페이스를 조정합니다.

d) 물에 적신 깨끗한 종이 타월로 병 테두리를 닦습니다. 뚜껑을 조정하고 처리하십시오.

7. 망고소스

재료:

- 5-1/2 컵 또는 3-1/4 파운드 망고 퓨레
- 꿀 6 큰술
- 병에 담긴 레몬 주스 4 큰술
- 설탕 3/4 컵
- 아스코르빈산 2-1/2 티스푼(7500 밀리그램)
- 계피 가루 1/8 작은술
- 육두구 가루 1/8 작은술

수율: 반 파인트 병 약 6 개

지도:

a) 망고 과육을 씻어서 껍질을 벗기고 씨에서 분리합니다. 망고 과육을 덩어리로 자르고 믹서기나 푸드 프로세서에서 부드러워질 때까지 퓌레로 만듭니다.

b) 6~8 쿼트 더치 오븐이나 육수 냄비에 모든 재료를 넣고 혼합물이 200°F 에 도달할 때까지 계속 저어주면서 중불에서 가열합니다.

c) 혼합물이 가열되면서 튀기므로 장갑이나 오븐 장갑을 착용하여 화상을 입지 않도록 하십시오. 뜨거운 반 파인트 병에 매운 소스를 채우고 1/4 인치 머리 공간을 남겨둡니다.

d) 기포를 제거하고 필요한 경우 헤드스페이스를 조정합니다. 물에 적신 깨끗한 종이 타월로 병 테두리를 닦습니다. 뚜껑을 조정하고 처리하십시오.

8. 혼합 과일 칵테일

재료:

- 복숭아 3 파운드
- 배 3 파운드
- 약간 덜 익은 씨 없는 청포도 1-1/2 파운드
- 마라스키노 체리 10 온스 병
- 설탕 3 컵
- 물 4 컵

수확량: 약 6 파인트

지도:

a) 포도는 꼭지를 떼고 씻어서 아스코르브산 용액에 담가둔다.

b) 잘 익었지만 단단한 복숭아를 한 번에 몇 개씩 끓는 물에 1~1 분 30 초 동안 담그면 껍질이 느슨해집니다.

c) 찬물에 담궈 껍질을 벗긴다. 반으로 자르고, 씨를 제거하고, 1/2 인치 입방체로 자르고, 포도와 함께 용액에 보관합니다. 껍질을 벗기고, 반으로 자르고, 코어 배를 채웁니다.

d) 1/2 인치 입방체로 자르고 포도와 복숭아와 함께 용액에 보관합니다.

e) 냄비에 설탕과 물을 넣고 끓입니다. 혼합 과일을 배출하십시오. 각 뜨거운 병에 뜨거운 시럽 1/2 컵을 추가합니다.

f) 그런 다음 체리 몇 개를 추가하고 혼합 과일과 더 뜨거운 시럽으로 병을 부드럽게 채우고 1/2 인치 헤드 스페이스를 남겨 둡니다.

g) 기포를 제거하고 필요한 경우 헤드스페이스를 조정합니다. 물에 적신 깨끗한 종이 타월로 병 테두리를 닦습니다.

h) 뚜껑을 조정하고 처리하십시오.

9. 주키니 파인애플

재료:

- 깍둑썰기하거나 잘게 썬 애호박 4 쿼트
- 무가당 파인애플 주스 통조림 46 온스
- 병에 든 레몬 주스 1-1/2 컵
- 설탕 3 컵

수확량: 약 8~9 파인트

지도:

a) 애호박 껍질을 벗기고 1/2 인치 입방체로 자르거나 잘게 썬다. 큰 냄비에 호박과 다른 재료를 넣고 끓입니다. 20 분간 끓인다.

b) 뜨거운 병에 뜨거운 혼합물과 요리용 액체를 채우고 1/2 인치 헤드스페이스를 남겨둡니다. 기포를 제거하고 필요한 경우 헤드 공간을 조정합니다. 물에 적신 깨끗한 종이 타월로 병 테두리를 닦습니다. 뚜껑을 조정하고 처리하십시오.

10. 매콤한 크랜베리 살사

재료:

- 다진 붉은 양파 6 컵
- 다진 큰 세라노 고추 4 개
- 물 1-1/2 컵
- 사이다 식초 1-1/2 컵(5%)
- 통조림 소금 1 큰술
- 설탕 1-1/3 컵
- 클로버 꿀 6 큰술
- 12 컵(2-3/4 파운드) 헹구고 신선한 통크랜베리

수율: 약 6 파인트 병

지도:

a) 큰 더치 오븐에 크랜베리를 제외한 모든 재료를 결합합니다. 고열로 끓입니다. 불을 약간 줄이고 5 분 동안 부드럽게 끓입니다.

b) 크랜베리를 넣고 불을 약간 줄이고 혼합물을 20 분 동안 끓입니다. 가끔씩 저어 타지 않도록 합니다. 뜨거운 혼합물을 뜨거운 파인트 병에 채우고 1/4 인치 헤드스페이스를 남겨둡니다. 항아리를 채우는 동안 소스 냄비를 약한 불에 두십시오.

c) 기포를 제거하고 필요한 경우 헤드스페이스를 조정합니다. 물에 적신 깨끗한 종이 타월로 병 테두리를 닦습니다. 뚜껑을 조정하고 처리하십시오.

11. 망고살사

재료:

- 익지 않은 망고 6 컵
- 다진 붉은 피망 1-1/2 컵
- 다진 노란 양파 1/2 컵
- 으깬 레드 페퍼 플레이크 1/2 티스푼
- 다진마늘 2 작은술
- 다진 생강 2 작은술
- 연한 갈색 설탕 1 컵
- 사이다 식초 1-1/4 컵(5%)
- 물 1/2 컵

수율: 반 파인트 병 약 6 개

지도:

a) 모든 농산물을 잘 씻으십시오. 망고를 껍질을 벗기고 1/2 인치 입방체로 자릅니다. 피망을 1/2 인치 조각으로 깍둑썰기합니다. 노란 양파를 자른다.

b) 8 쿼트 더치 오븐 또는 육수 냄비에 모든 재료를 결합합니다. 설탕이 녹도록 저어주면서 센 불로 끓입니다.

c) 중불로 줄이고 5 분간 끓인다. 뜨거운 고형물을 뜨거운 반 파인트 병에 채우고 1/2 인치 헤드 스페이스를 남겨 둡니다. 1/2 인치 머리 공간을 남기고 뜨거운 액체로 덮습니다.

d) 기포를 제거하고 필요한 경우 헤드스페이스를 조정합니다. 물에 적신 깨끗한 종이 타월로 병 테두리를 닦습니다. 뚜껑을 조정하고 처리하십시오.

12. 복숭아 사과 살사

재료:

- 다진 로마 토마토 6 컵
- 다진 노란 양파 2-1/2 컵
- 다진 녹색 피망 2 컵
- 단단하고 덜 익은 복숭아 잘게 썬 것 10 컵
- 다진 그래니 스미스 사과 2 컵
- 혼합 피클링 스파이스 4 큰술
- 통조림 소금 1 큰술
- 으깬 레드 페퍼 플레이크 2 티스푼
- 포장된 연갈색 설탕 3-3/4 컵(1-1/4 파운드)
- 사이다 식초 2-1/4 컵(5%)

수율: 약 7 파인트 병

지도:

a) 100% 무명천의 깨끗한 이중층 6 인치 정사각형 조각에 피클링 스파이스를 놓습니다. 모서리를 모아 깨끗한 끈으로 묶습니다. (또는 구입한 모슬린 양념 주머니를 사용하십시오).

b) 토마토는 깨끗이 씻어 껍질을 벗긴다(씻은 토마토는 끓는 물에 1 분간 데친 후 바로 찬물에 담가 껍질을 벗긴다).

c) 1/2 인치 조각으로 자릅니다. 양파를 껍질을 벗기고 씻어서 1/4 인치 조각으로 깍둑썰기합니다. 피망을 씻어서 심고 씨를 뿌린다. 1/4 인치 조각으로 자릅니다.

d) 다진 토마토, 양파, 고추를 8 쿼터 또는 10 쿼트 더치 오븐이나 소스 냄비에 넣고 섞습니다. 복숭아를 씻고 껍질을 벗기고 씨를 뿌린다. 반으로 자르고 아스코르브산 용액(0.5 갤런의 물에 1500mg)에 10 분 동안 담급니다.

e) 사과를 씻고 껍질을 벗기고 심습니다. 반으로 잘라 아스코르빈산 용액에 10 분간 담가둡니다.

f) 갈변을 방지하기 위해 복숭아와 사과를 1/2 인치 입방체로 빠르게 자릅니다. 다진 복숭아와 사과를 야채와 함께 소스 냄비에 넣습니다. 소스 냄비에 피클링 스파이스 백을 추가합니다. 소금, 고추 플레이크, 갈색 설탕 및 식초를 저어줍니다.

g) 재료가 섞이도록 부드럽게 저으면서 끓입니다. 불을 줄이고 가끔 저어주면서 30 분간 끓입니다. 팬에서 양념 백을 제거하고 버립니다. 슬롯형 스푼을 사용하여 살사 고형물을 뜨거운 파인트 병에 채우고 1-1/4 인치 헤드 공간(각 병에 약 3/4 파운드 고형물)을 남겨 둡니다.

h) 1/2 인치 머리 공간을 남기고 요리용 액체로 덮습니다.

i) 기포를 제거하고 필요한 경우 헤드스페이스를 조정합니다. 물에 적신 깨끗한 종이 타월로 병 테두리를 닦습니다. 뚜껑을 조정하고 처리하십시오.

충전재

13. 다진 고기 파이 필링

재료:

- 잘게 썬 수트 2 컵
- 갈은 소고기 4 파운드 또는 사슴고기 갈은 4 파운드와 소시지 1 파운드
- 다진 사과 5 쿼트
- 씨 없는 어두운 건포도 2 파운드
- 흰 건포도 1 파운드
- 사과 사이다 2 쿼트
- 계피 가루 2 큰술
- 육두구 가루 2 작은술
- 설탕 5 컵
- 소금 2 큰술

수확량: 약 7 쿼트

지도:

a) 갈변을 방지하기 위해 고기와 소트를 물에 익히십시오. 사과를 껍질을 벗기고, 심고, 4 등분합니다. 중간 칼날을 사용하여 식품 분쇄기에 고기, 소, 사과를 넣습니다.

b) 큰 냄비에 모든 재료를 넣고 1 시간 동안 또는 약간 걸쭉해질 때까지 끓입니다. 자주 저어주세요.

c) 지체 없이 뜨거운 병에 혼합물을 채우고 1 인치 헤드스페이스를 남겨둡니다.

d) 기포를 제거하고 필요한 경우 헤드스페이스를 조정합니다. 물에 적신 깨끗한 종이 타월로 병 테두리를 닦습니다.

e) 뚜껑을 조정하고 처리하십시오.

14. 그린 토마토 피클링

재료:

- 다진 그린 토마토 4 쿼트
- 껍질을 벗기고 다진 시큼한 사과 3 쿼트
- 씨 없는 어두운 건포도 1 파운드
- 흰 건포도 1 파운드
- 다진 유자, 레몬 또는 오렌지 껍질 1/4 컵
- 물 2 컵
- 흑설탕 2-1/2 컵
- 백설탕 2-1/2 컵
- 식초 1/2 컵(5%)
- 병에 든 레몬 주스 1 컵
- 계피 가루 2 큰술
- 육두구 가루 1 티스푼
- 다진 정향 1 티스푼

수확량: 약 7 쿼트

지도:

a) 큰 냄비에 모든 재료를 섞습니다. 부드럽고 약간 걸쭉해질 때까지 자주 저어주면서 천천히 요리합니다(약 35~40 분).

b) 뜨거운 병에 뜨거운 혼합물을 채우고 1/2 인치 헤드스페이스를 남겨둡니다.

c) 기포를 제거하고 필요한 경우 헤드스페이스를 조정합니다. 물에 적신 깨끗한 종이 타월로 병 테두리를 닦습니다.

d) 뚜껑을 조정하고 처리하십시오.

토마토 및 토마토 제품

15. 고기 없는 스파게티 소스

재료:

- 토마토 30 파운드
- 다진 양파 1 컵
- 다진 마늘 5 쪽
- 다진 셀러리 또는 피망 1 컵
- 얇게 썬 신선한 버섯 1 파운드(선택 사항)
- 소금 4-1/2 티스푼
- 오레가노 2 큰술
- 다진 파슬리 4 큰술
- 후추 2 작은술
- 흑설탕 1/4 컵
- 식물성 기름 1/4 컵

수확량: 약 9 파인트

지도:

a) 양파, 고추 또는 버섯의 비율을 늘리지 마십시오. 토마토를 씻고 끓는 물에 30~60 초 동안 또는 껍질이 갈라질 때까지 담그십시오. 찬물에 담궈 껍질을 벗긴다. 코어와 쿼터 토마토를 제거합니다.

b) 뚜껑을 덮지 않은 상태로 큰 냄비에 20 분간 끓입니다. 식품 분쇄기 또는 체에 넣습니다. 양파, 마늘, 셀러리 또는 고추, 버섯(원하는 경우)을 식물성 기름에 부드러워질 때까지 볶습니다.

c) 볶은 야채와 토마토를 섞고 나머지 향신료, 소금, 설탕을 넣습니다. 종기에 가져다. 서빙하기에 충분히 걸쭉해질 때까지 뚜껑을 덮지 않고 끓입니다.

d) 이때 초기 볼륨은 거의 절반으로 줄어듭니다. 타지 않도록 자주 저어주세요. 1 인치 헤드스페이스를 남기고 뜨거운 병을 채웁니다.

e) 기포를 제거하고 필요한 경우 헤드스페이스를 조정합니다. 물에 적신 깨끗한 종이 타월로 병 테두리를 닦습니다.

f) 뚜껑 조정 및 처리

16. 고기 스파게티 소스

재료:

- 토마토 30 파운드
- 갈은 소고기 또는 소시지 2-1/2 파운드
- 다진 마늘 5 쪽
- 다진 양파 1 컵
- 다진 셀러리 또는 피망 1 컵
- 얇게 썬 신선한 버섯 1 파운드(선택 사항)
- 소금 4-1/2 티스푼
- 오레가노 2 큰술
- 다진 파슬리 4 큰술
- 후추 2 작은술
- 흑설탕 1/4 컵

수확량: 약 9 파인트

지도:

a) 토마토를 준비하려면 고기 없는 스파게티 소스의 지침을 따르십시오.

b) 소고기나 소시지가 갈색이 될 때까지 볶습니다. 원하는 경우 마늘, 양파, 셀러리 또는 피망, 버섯을 추가합니다. 야채가 부드러워질 때까지 요리합니다. 큰 냄비에 토마토 펄프와 결합합니다.

c) 향신료, 소금, 설탕을 추가합니다. 종기에 가져다. 서빙하기에 충분히 걸쭉해질 때까지 뚜껑을 덮지 않고 끓입니다. 이때 초기 볼륨은 거의 절반으로 줄어듭니다. 타지 않도록 자주 저어주세요.

d) 1 인치 헤드스페이스를 남기고 뜨거운 병을 채웁니다.

e) 기포를 제거하고 필요한 경우 헤드스페이스를 조정합니다. 물에 적신 깨끗한 종이 타월로 병 테두리를 닦습니다.

f) 뚜껑을 조정하고 처리하십시오.

17. 멕시칸 토마토 소스

재료:

- 칠리 페퍼 2-1/2~3 파운드
- 토마토 18 파운드
- 다진 양파 3 컵
- 소금 1 큰술
- 오레가노 1 큰술
- 식초 1/2 컵

수확량: 약 7 쿼트

지도:

a) 고추를 씻고 말리십시오. 증기가 빠져 나갈 수 있도록 측면을 따라 각 후추를 자릅니다.

b) 피부에 물집이 생길 때까지 몇 분 동안 버너에 고추를 놓습니다.

c) 물집이 생긴 껍질을 냄비에 넣고 젖은 천으로 덮습니다. (이렇게 하면 고추 껍질을 쉽게 벗길 수 있습니다.) 몇 분간 식힙니다. 껍질을 벗기다. 씨를 버리고 고추를 자른다.

d) 토마토를 씻고 끓는 물에 30~60 초 동안 또는 껍질이 갈라질 때까지 담그십시오. 찬물에 담가 껍질을 벗기고 씨를 제거한다.

e) 토마토를 굵게 자르고 다진 고추와 나머지 재료를 큰 냄비에 넣습니다. 종기에 가져다. 씌우다.

f) 불을 줄이고 10 분간 끓인다.

18. 매운 소스

재료:

- 씨를 제거하고 다진 세라노 고추 1-1/2 컵
- 증류수 백식초(5%) 4 컵
- 통조림 소금 2 작은술
- 혼합 피클링 향신료 통째로 2 큰술

수확량: 약 4 파인트

지도:

a) 혼합된 장아찌 양념을 양념 주머니에 넣고 끝을 단단히 묶습니다. 더치 오븐이나 큰 냄비에 모든 재료를 섞습니다. 가끔 저으면서 끓입니다. 토마토가 부드러워질 때까지 20 분 더 끓입니다. 식품 분쇄기를 통해 혼합물을 누르십시오.

b) 액체를 냄비에 다시 넣고 끓을 때까지 가열한 다음 15 분간 더 끓입니다.

c) 뜨거운 반 파인트 병에 매운 소스를 채우고 1/4 인치 머리 공간을 남겨둡니다. 기포를 제거하고 필요한 경우 헤드 공간을 조정합니다. 물에 적신 깨끗한 종이 타월로 병 테두리를 닦습니다.

d) 뚜껑을 조정하고 처리하십시오.

19. 카이엔 고추 소스

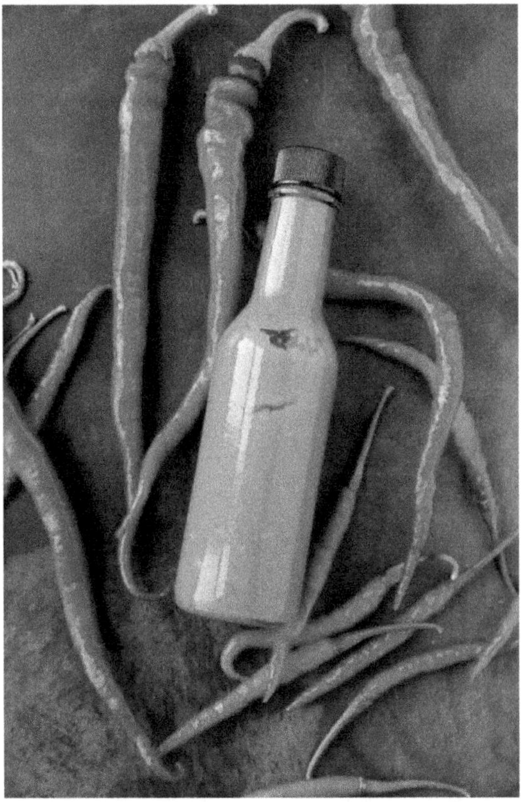

재료:

- 고추 3 파운드
- 다진마늘 1/3 컵
- 얇게 썬 양파 4 컵
- 1/3 컵 줄기, 다진 실란트로
- 깍둑썰기한 토마토 3 캔(각각 28 온스)
- 사이다 식초 3 컵(5%)
- 물 2-1/2 컵

수확량: 약 5 파인트

지도:

a) 만돌린 슬라이서 또는 푸드 프로세서를 사용하여 피망과 양파를 씻고 다듬고 고리 모양으로 자릅니다. 10 쿼트 더치 오븐이나 육수 냄비에 모든 재료를 섞습니다. 끓여서 1 시간 끓입니다. 불을 약간 줄이고 1 시간 더 끓입니다. 불을 끄고 혼합물을 약간 식힙니다.

b) 블렌더 배치당 약 2 분 동안 블렌더에 야채를 퓌레로 만듭니다. 퓌레 혼합물을 냄비에 다시 넣고 조심스럽게 끓입니다. 열을 끕니다.

c) 뜨거운 파인트 병에 매운 소스를 채우고 1/2 인치 머리 공간을 남겨둡니다. 기포를 제거하고 필요한 경우 헤드스페이스를 조정합니다. 물에 적신 깨끗한 종이 타월로 병 테두리를 닦습니다.

d) 뚜껑을 조정하고 처리하십시오.

20. 芒果酱

재료:

- 잘 익은 토마토 24 파운드
- 다진 양파 3 컵
- 3/4 티스푼 갈은 고추(카이엔)
- 사이다 식초 3 컵(5%)
- 통 정향 4 티스푼
- 으깬 계피 스틱 3 개
- 올스파이스 1-1/2 티스푼
- 셀러리 씨앗 3 큰술
- 설탕 1-1/2 컵
- 소금 1/4 컵

수확량: 6~7 파인트

지도:

a) 토마토를 씻으십시오. 끓는 물에 30~60 초 동안 또는 껍질이 갈라질 때까지 담그십시오. 찬물에 담그십시오. 껍질을 벗기고 코어를 제거하십시오. 토마토를 4 갤런 냄비나 큰 주전자에 4 등분합니다. 양파와 고추를 추가합니다. 뚜껑을 덮지 않은 채 20 분간 끓입니다. 뚜껑을 덮고 불을 끄고 20 분 동안 그대로 둡니다.

b) 양념 주머니에 양념을 넣고 2 쿼트 냄비에 식초를 넣습니다.

c) 끓이다. 양념 주머니를 제거하고 식초와 토마토 혼합물을 섞습니다. 30 분 정도 끓입니다. 식품 분쇄기 또는 체에 삶은 혼합물을 넣습니다. 냄비로 돌아갑니다.

d) 설탕과 소금을 넣고 부드럽게 끓인 다음 부피가 반으로 줄어들 때까지 또는 혼합물이 분리되지 않고 숟가락에 둥글게 될 때까지 자주 저어줍니다. 1/8 인치 헤드스페이스를 남기고 핫 파인트 병을 채웁니다.

e) 기포를 제거하고 필요한 경우 헤드스페이스를 조정합니다. 물에 적신 깨끗한 종이 타월로 병 테두리를 닦습니다.

f) 뚜껑을 조정하고 처리하십시오.

21. 컨트리 웨스턴 케첩

재료:

- 잘 익은 토마토 24 파운드
- 얇게 썬 씨를 제거한 칠레 고추 5 개
- 소금 1/4 컵
- 식초 2-2/3 컵(5%)
- 설탕 1-1/4 컵
- 1/2 티스푼 갈은 고추 (카이엔)
- 파프리카 4 작은술
- 올스파이스 4 티스푼
- 마른 머스타드 4 티스푼
- 통후추 1 큰술
- 겨자씨 1 작은술
- 월계수 잎 1 큰술

수확량: 6~7 파인트

지도:

a) 일반 토마토 케첩의 절차 및 처리 시간을 따르십시오.

22. 블러디 케첩

재료:

- 잘 익은 토마토 24 파운드
- 양파 2 파운드
- 달콤한 고추 1 파운드
- 달콤한 피망 1 파운드
- 식초 9 컵(5%)
- 설탕 9 컵
- 통조림 또는 피클링 소금 1/4 컵
- 마른 머스타드 3 큰술
- 고춧가루 1-1/2 큰술
- 올스파이스 1-1/2 티스푼
- 통 정향 1-1/2 큰술
- 계피 스틱 3 개

수확량: 약 9 파인트

지도:

a) 토마토를 씻고 끓는 물에 30~60 초 동안 또는 껍질이 갈라질 때까지 담그십시오. 그런 다음 찬물에 담그고 껍질, 코어 및 쿼터를 벗겨냅니다. 고추에서 씨를 제거하고 스트립으로 자릅니다. 양파를 껍질을 벗기고 4 등분하십시오.

b) 토마토, 고추, 양파를 전기 믹서기에 5 초간 고속으로 갈아줍니다. 3~4 갤런 스톡 냄비나 큰 주전자에 붓고 가열합니다. 자주 저어주면서 60 분간 부드럽게 끓입니다. 식초, 설탕, 소금, 마른 겨자, 고추 및 기타 향신료가 들어 있는 양념 주머니를 넣습니다.

c) 부피가 반으로 줄고 케첩이 액체와 고체가 분리되지 않고 숟가락에 떠오를 때까지 계속 끓이고 저어줍니다. 양념 주머니를 제거하고 1/8 인치 머리 공간을 남기고 뜨거운 병을 채웁니다.

d) 기포를 제거하고 필요한 경우 헤드스페이스를 조정합니다. 물에 적신 깨끗한 종이 타월로 병 테두리를 닦습니다.

e) 뚜껑을 조정하고 일반 케첩의 처리 시간을 따르십시오.

23. 할라피뇨 핫소스

재료:

- 토마토 5 파운드
- 칠리 페퍼 2 파운드
- 양파 1 파운드
- 식초 1 컵(5%)
- 소금 3 티스푼
- 후추 1/2 작은술

수확량: 약 6~8 파인트

지도:

a) 토마토를 씻고 끓는 물에 30~60 초 동안 또는 껍질이 갈라질 때까지 담그십시오. 찬물에 담가 껍질을 벗기고 씨를 제거한다.

b) 토마토를 굵게 자르고 다진 고추, 양파 및 나머지 재료와 함께 큰 냄비에 넣습니다. 끓을 때까지 가열하고 열을 줄이고 10 분 동안 끓입니다. 1/2 인치 헤드스페이스를 남기고 뜨거운 병을 채웁니다.

c) 기포를 제거하고 필요한 경우 헤드 공간을 조정합니다. 물에 적신 깨끗한 종이 타월로 병 테두리를 닦습니다.

d) 뚜껑을 조정하고 처리하십시오.

24. 찰레 살사

재료:

- 껍질을 벗기고 속을 파내고 다진 토마토 10 컵
- 씨를 제거하고 잘게 썬 칠리 페퍼 6 컵
- 다진 양파 4 컵
- 식초 1 컵(5%)
- 소금 3 티스푼
- 후추 1/2 작은술

수확량: 약 7~9 파인트

지도:

a) 토마토를 씻고 끓는 물에 30~60 초 동안 또는 껍질이 갈라질 때까지 담그십시오.

b) 찬물에 담가 껍질을 벗기고 씨를 제거한다. 큰 냄비에 재료를 섞습니다. 끓을 때까지 가열하고 10 분 동안 끓입니다. 뜨거운 살사를 뜨거운 파인트 병에 채우고 1/2 인치 머리 공간을 남겨둡니다.

c) 기포를 제거하고 필요한 경우 헤드스페이스를 조정합니다. 물에 적신 깨끗한 종이 타월로 병 테두리를 닦습니다.

d) 뚜껑을 조정하고 처리하십시오.

25. 토마틸로 그린 살사

재료:

- 다진 토마토 5 컵
- 1-1/2 컵 씨를 제거하고 다진 긴 녹색 고추
- 씨를 제거하고 다진 할라피뇨 고추 1/2 컵
- 다진 양파 4 컵
- 병에 든 레몬 주스 1 컵
- 다진 마늘 6 쪽
- 간 커민 1 큰술(선택 사항)
- 오레가노 잎 3 큰술(선택 사항)
- 소금 1 큰술
- 후추 1 티스푼

수확량: 약 5 파인트

지도:

a) 큰 냄비에 모든 재료를 넣고 혼합물이 끓기 시작할 때까지 센 불에서 자주 저은 다음 불을 줄이고 가끔 저어주면서 20 분 동안 끓입니다.

b) 1/2 인치 머리 공간을 남기고 핫 파인트 병에 핫 살사 국자를 넣습니다.

c) 기포를 제거하고 필요한 경우 헤드스페이스를 조정합니다. 물에 적신 깨끗한 종이 타월로 병 테두리를 닦습니다.

d) 뚜껑을 조정하고 처리하십시오.

26. 토마토 페이스트 살사

재료:

- 껍질을 벗기고 속을 파내고 다진 토마토 7 쿼트
- 씨를 제거하고 다진 긴 녹색 고추 4 컵
- 다진 양파 5 컵
- 씨를 제거하고 다진 할라피뇨 고추 1/2 컵
- 다진 마늘 6 쪽
- 병에 든 레몬 또는 라임 주스 2 컵
- 소금 2 큰술
- 후추 1 큰술
- 간 커민 2 큰술(선택 사항)
- 오레가노 잎 3 큰술(선택 사항)
- 신선한 고수 2 큰술(선택 사항)

수확량: 약 16~18 파인트

지도:

a) 토마토를 씻고 끓는 물에 30~60 초 동안 또는 껍질이 갈라질 때까지 담그십시오. 찬물에 담가 껍질을 벗기고 씨를 제거한다.

b) 커민, 오레가노, 고수를 제외한 모든 재료를 큰 냄비에 넣고 자주 저어가며 끓인 다음 불을 줄이고 10 분 동안 끓입니다.

c) 양념을 넣고 가끔 저어주면서 20 분 더 끓입니다. 뜨거운 살사를 뜨거운 파인트 병에 채우고 1/2 인치 머리 공간을 남겨둡니다.

d) 기포를 제거하고 필요한 경우 헤드스페이스를 조정합니다. 물에 적신 깨끗한 종이 타월로 병 테두리를 닦습니다.

e) 뚜껑을 조정하고 처리하십시오.

27. 토마토 살사

재료:

- 껍질을 벗기고 속을 파내고 다진 토마토 4 컵
- 씨를 제거하고 다진 긴 녹색 고추 2 컵
- 씨를 제거하고 다진 할라피뇨 고추 1/2 컵
- 다진 양파 3/4 컵
- 다진 마늘 4 쪽
- 식초 2 컵(5%)
- 간 커민 1 작은술(선택사항)
- 오레가노 잎 1 큰술(선택 사항)
- 신선한 고수 1 큰술(선택 사항)
- 소금 1-1/2 작은술

수확량: 약 4 파인트

지도:

a) 토마토를 씻고 끓는 물에 30~60 초 동안 또는 껍질이 갈라질 때까지 담그십시오. 찬물에 담가 껍질을 벗기고 씨를 제거한다.

b) 큰 냄비에 모든 재료를 넣고 자주 저으면서 끓입니다. 불을 줄이고 가끔 저어주면서 20 분간 끓입니다.

c) 뜨거운 살사를 뜨거운 파인트 병에 채우고 1/2 인치 머리 공간을 남겨둡니다.

d) 기포를 제거하고 필요한 경우 헤드스페이스를 조정합니다. 물에 적신 깨끗한 종이 타월로 병 테두리를 닦습니다.

e) 뚜껑을 조정하고 처리하십시오.

28. 토마토 그린 칠리 살사

재료:

- 껍질을 벗기고 속을 파내고 다진 토마토 3 컵
- 씨를 제거하고 다진 긴 녹색 고추 3 컵
- 다진 양파 3/4 컵
- 씨를 제거하고 다진 할라피뇨 고추 1 개
- 다진 마늘 6 쪽
- 식초 1-1/2 컵(5%)
- 간 커민 1/2 작은술(선택사항)
- 오레가노 잎 2 작은술(선택사항)
- 소금 1-1/2 작은술

수확량: 약 3 파인트

지도:

a) 토마토를 씻고 끓는 물에 30~60 초 동안 또는 껍질이 갈라질 때까지 담그십시오. 찬물에 담가 껍질을 벗기고 씨를 제거한다.

b) 큰 냄비에 모든 재료를 넣고 혼합물이 끓을 때까지 자주 저어가며 가열합니다. 불을 줄이고 가끔 저어주면서 20 분 동안 끓입니다.

c) 뜨거운 살사를 뜨거운 파인트 병에 채우고 1/2 인치 머리 공간을 남겨둡니다.

d) 기포를 제거하고 필요한 경우 헤드 공간을 조정합니다. 물에 적신 깨끗한 종이 타월로 병 테두리를 닦습니다.

e) 뚜껑을 조정하고 처리하십시오.

29. 토마토 소스

재료:

- 껍질을 벗기고 속을 파내고 다진 페이스트 토마토 8 쿼트
- 다진 마늘 2 쪽
- 다진 양파 5 컵
- 씨를 빼고 다진 할라피뇨 고추 4 개
- 씨를 빼고 다진 긴 청고추 4 개
- 식초 2-1/2 컵
- 소금 2 큰술
- 후추 1-1/2 큰술
- 설탕 1 큰술
- 오레가노 잎 2 큰술(선택 사항)
- 간 커민 1 작은술(선택사항)

수확량: 약 16~18 파인트

지도:

a) 큰 냄비에 재료를 섞습니다. 끓으면 불을 줄이고 걸쭉해질 때까지 자주 저으면서 끓입니다(약 1 시간).

b) 뜨거운 파인트 병에 매운 소스를 채우고 1/2 인치 머리 공간을 남겨둡니다.

c) 기포를 제거하고 필요한 경우 헤드스페이스를 조정합니다. 물에 적신 깨끗한 종이 타월로 병 테두리를 닦습니다.

d) 뚜껑을 조정하고 처리하십시오.

30. 칠레콘카르네

재료:

- 말린 핀토 또는 붉은 강낭콩 3 컵
- 물 5-1/2 컵
- 소금 5 작은술(별도)
- 갈은 소고기 3 파운드
- 다진 양파 1-1/2 컵
- 원하는 다진 고추 1 컵
- 후추 1 티스푼
- 고춧가루 3~6 큰술
- 으깬 토마토 또는 통 토마토 2 쿼트

수확량: 9 파인트

지도:

a) 콩을 깨끗이 씻어서 2qt 에 넣습니다. 소스 냄비. 원두 위 2~3 인치 높이까지 찬물을 붓고 12~18 시간 동안 담급니다. 물을 빼고 버리십시오.

b) 콩을 신선한 물 5-1/2 컵과 소금 2 티스푼과 섞습니다. 종기에 가져다. 불을 줄이고 30 분간 끓인다. 물을 빼고 버리십시오.

c) 갈은 소고기, 다진 양파, 고추(원하는 경우)를 프라이팬에 넣습니다. 지방을 빼고 소금 3 티스푼, 후추, 고춧가루, 토마토, 물기를 뺀 익힌 콩을 넣습니다. 5 분간 끓인다. 주의: 두껍게 하지 마십시오. 1 인치 헤드 공간을 남기고 뜨거운 병을 채웁니다.

d) 기포를 제거하고 필요한 경우 헤드스페이스를 조정합니다. 물에 적신 깨끗한 종이 타월로 병 테두리를 닦습니다.

e) 뚜껑을 조정하고 처리하십시오.

야채 및 야채 제품

31. 혼합야채

재료:

- 얇게 썬 당근 6 컵
- 6 컵 컷, 통 알갱이 스위트 콘
- 자른 녹두 6 컵
- 껍질을 벗긴 리마콩 6 컵
- 전체 또는 으깬 토마토 4 컵
- 다진 애호박 4 컵

수율: 7 쿼트

지도:

a) 애호박을 제외한 모든 채소는 앞에서 설명한 대로 채소별로 씻어서 준비한다. 애호박을 씻고, 다듬고, 썰거나 깍둑썰기하십시오. 모든 야채를 큰 냄비나 주전자에 넣고 물을 충분히 부어 조각을 덮습니다.

b) 원하는 경우 항아리에 쿼트당 소금 1 티스푼을 추가합니다. 뜨거운 조각과 액체로 5 분간 끓이고 뜨거운 병에 1 인치의 머리 공간을 남겨둡니다.

c) 기포를 제거하고 필요한 경우 헤드스페이스를 조정합니다. 물에 적신 깨끗한 종이 타월로 병 테두리를 닦습니다.

d) 뚜껑을 조정하고 처리하십시오.

32. 수코타시

재료:

- 껍질을 벗기지 않은 옥수수 15 파운드
- 완숙 녹색 꼬투리 리마콩 14 파운드
- 으깬 토마토 또는 통 토마토 2 쿼트

수율: 7 쿼트

지도:

a) 특정 야채에 대해 이전에 설명한 대로 신선한 농산물을 씻고 준비합니다.

b) 뜨거운 팩 - 준비한 모든 야채를 큰 주전자에 넣고 조각을 덮을 만큼 충분한 물을 넣습니다. 원하는 경우 각 뜨거운 쿼트 병에 소금 1 티스푼을 추가합니다. 수코타시를 5 분 동안 부드럽게 삶아 뜨거운 병에 조각과 요리용 액체를 넣고 1 인치 헤드스페이스를 남겨둡니다.

c) 원시 팩 - 준비한 모든 야채를 같은 양으로 뜨거운 병에 채우고 1 인치 헤드 스페이스를 남겨둡니다. 조각을 흔들거나 누르지 마십시오. 원하는 경우 각 쿼트 병에 소금 1 티스푼을 추가합니다. 신선한 끓는 물을 추가하고 1 인치 헤드스페이스를 남겨둡니다.

d) 기포를 제거하고 필요한 경우 헤드스페이스를 조정합니다. 물에 적신 깨끗한 종이 타월로 병 테두리를 닦습니다.

e) 뚜껑을 조정하고 처리하십시오.

발효 및 절인 야채

33. 딜피클

재료:

- 4 인치 피클링 오이 4 파운드
- 딜 씨 2 큰술 또는 신선하거나 마른 딜 씨 4~5 개
- 소금 1/2 컵
- 식초 1/4 컵(5%
- 물 8 컵과 다음 재료 중 하나 이상:
- 마늘 2 쪽(선택 사항)
- 말린 고추 2 개(선택 사항)
- 전체 혼합 피클링 향신료 2 작은술

지도:

a) 오이를 씻으십시오. 꽃 끝의 1/16 인치 조각을 자르고 버립니다. 줄기의 1/4 인치는 부착된 상태로 둡니다. 깨끗하고 적합한 용기 바닥에 딜과 향신료의 절반을 놓습니다.

b) 오이, 남은 딜, 향신료를 넣습니다. 식초와 물에 소금을 녹이고 오이 위에 붓습니다.

c) 적절한 덮개와 무게를 추가하십시오. 발효하는 동안 약 3~4 주 동안 온도가 70°~75°F 인 곳에 보관하십시오. 55°~65°F 의 온도가 허용되지만 발효에는 5~6 주가 소요됩니다.

d) 80°F 이상의 온도를 피하십시오. 그렇지 않으면 피클이 발효 중에 너무 부드러워집니다. 발효 피클은 천천히 치료됩니다. 용기를 일주일에 여러 번 확인하고 표면 찌꺼기나 곰팡이를 즉시 제거하십시오. 주의: 피클이 부드러워지거나 끈적거리거나 불쾌한 냄새가 나면 폐기하십시오.

e) 완전히 발효된 피클은 냉장 보관하고 표면 찌꺼기와 곰팡이를 정기적으로 제거하는 경우 약 4~6 개월 동안 원래 용기에 보관할 수 있습니다. 완전히 발효된 피클을 통조림으로 만드는 것이 더 좋은 보관 방법입니다. 통조림으로 만들려면 소금물을 팬에 붓고 천천히 가열하여 끓인 다음 5 분 동안 끓입니다. 원하는 경우 종이 커피 필터를 통해 염수를 여과하여 흐림을 줄입니다.

f) 뜨거운 항아리에 피클과 뜨거운 소금물을 채우고 1/2 인치 헤드스페이스를 남겨둡니다.

g) 기포를 제거하고 필요한 경우 헤드스페이스를 조정합니다. 물에 적신 깨끗한 종이 타월로 병 테두리를 닦습니다.

h) 뚜껑을 조정하고 처리하십시오.

34. 소금에 절인 양배추

재료:

- 양배추 25 파운드
- 통조림 또는 피클링 소금 3/4 컵

수확량: 약 9 쿼트

지도:

a) 한 번에 약 5 파운드의 양배추로 작업하십시오. 바깥쪽 잎은 버립니다. 흐르는 찬물에 머리를 헹구고 물기를 뺍니다. 머리를 4 분의 1 로 자르고 코어를 제거합니다. 사분의 일 두께로 잘게 썰거나 슬라이스합니다.

b) 배추를 적당한 발효통에 담고 소금 3 큰술을 넣어줍니다. 깨끗한 손을 사용하여 잘 섞는다. 소금이 양배추에서 주스를 끌어낼 때까지 단단히 포장하십시오.

c) 모든 양배추가 용기에 들어갈 때까지 잘게 썰고 소금에 절이고 포장을 반복합니다. 테두리가 양배추보다 적어도 4~5 인치 위에 오도록 충분히 깊습니다. 주스가 양배추를 덮지 않으면 끓이고 식힌 소금물을 추가합니다(물 1 쿼트당 소금 1-1/2 큰술).

d) 접시와 추를 추가하십시오. 깨끗한 목욕 수건으로 용기를 덮으십시오. 발효하는 동안 70°~75°F 에서 보관하십시오. 70°~75°F 사이의 온도에서 크라우트는 약 3~4 주 안에 완전히 발효됩니다. 60°~65°F 에서 발효하는 데 5~6 주가 소요될 수 있습니다. 60°F 미만의 온도에서는 크라우트가 발효되지 않을 수 있습니다. 75°F 이상에서는 크라우트가 부드러워질 수 있습니다.

e) 소금물을 채운 백으로 양배추의 무게를 잴 경우 정상적인 발효가 완료될 때까지(거품이 멈출 때까지) 항아리를 건드리지 마십시오. 항아리를 추로 사용하는 경우 매주 2~3 회 크라우트를 확인하고 찌꺼기가 생기면 제거해야 합니다. 완전히 발효된 크라우트는 몇 달 동안 냉장고에 단단히 밀봉하여 보관할 수 있습니다.

f) 기포를 제거하고 필요한 경우 헤드스페이스를 조정합니다. 물에 적신 깨끗한 종이 타월로 병 테두리를 닦습니다. 뚜껑을 조정하고 처리하십시오.

35. 빵과 버터 피클

재료:

- 4~5 인치 피클링 오이 6 파운드
- 얇게 썬 양파 8 컵
- 통조림 또는 피클링 소금 1/2 컵
- 식초 4 컵(5%)

- 설탕 4-1/2 컵
- 겨자씨 2 큰술
- 셀러리 씨 1-1/2 큰술
- 강황 가루 1 큰술
- 절인 라임 1 컵

수확량: 약 8 파인트

지도:

a) 오이를 씻으십시오. 꽃 끝의 1/16 인치를 자르고 버립니다. 3/16 인치 조각으로 자릅니다. 오이와 양파를 큰 그릇에 담습니다. 소금을 넣다. 2 인치 으깬 얼음으로 덮습니다. 필요에 따라 얼음을 추가하여 3~4 시간 냉장 보관합니다.

b) 큰 냄비에 남은 재료를 섞습니다. 10 분간 끓인다. 물기를 빼고 오이와 양파를 넣고 천천히 다시 가열하여 끓입니다. 뜨거운 파인트 병에 조각과 요리용 시럽을 채우고 1/2 인치 헤드스페이스를 남겨둡니다. 기포를 제거하고 필요한 경우 헤드스페이스를 조정합니다. 물에 적신 깨끗한 종이 타월로 병 테두리를 닦습니다.

c) 뚜껑을 조정하고 처리하십시오.

36. 신선한팩딜피클

재료:

- 3~5 인치 피클링 오이 8 파운드
- 물 2 갤런
- 통조림 또는 피클링 소금 1-1/4 컵
- 식초 1-1/2 쿼트(5%)
- 설탕 1/4 컵
- 물 2 쿼트
- 전체 혼합 피클링 스파이스 2 큰술
- 전체 겨자씨 약 3 큰술(파인트 병당 1 티스푼)
- 약 14 개의 신선한 딜(파인트 병당 1-1/2 개) 또는
- 딜 씨 4-1/2 큰술(병당 1-1/2 작은술)

수확량: 약 7~9 파인트

지도:

a) 오이를 씻으십시오. 꽃 끝의 1/16 인치 조각을 잘라 버리고 1/4 인치 줄기는 붙인 채로 둡니다. 물 2 갤런에 소금 3/4 컵을 녹입니다. 오이 위에 붓고 12 시간 동안 그대로 둡니다. 물을 빼다.

b) 식초, 소금 1/2 컵, 설탕, 물 2 쿼트를 섞습니다. 깨끗한 흰색 천으로 묶은 혼합 피클링 향신료를 추가합니다. 끓을 때까지 가열하십시오. 뜨거운 병에 오이를 채웁니다.

c) 파인트당 겨자씨 1 티스푼과 신선한 딜 머리 1-1/2 개를 추가합니다.
1/2 인치 헤드 공간을 남기고 끓는 피클링 용액으로 덮습니다. 기포를 제거하고 필요한 경우 헤드스페이스를 조정합니다. 물에 적신 깨끗한 종이 타월로 병 테두리를 닦습니다.

d) 뚜껑을 조정하고 처리하십시오.

37. 달콤한 작은 오이 피클

재료:

- 오이 7 파운드(1-1/2 인치 이하)
- 통조림 또는 피클링 소금 1/2 컵
- 설탕 8 컵
- 식초 6 컵(5%)
- 강황 3/4 작은술
- 셀러리 씨앗 2 작은술
- 전체 혼합 피클링 스파이스 2 티스푼
- 계피 스틱 2 개
- 회향 1/2 작은술(선택 사항)
- 바닐라 2 티스푼(선택 사항)

수확량: 약 6~7 파인트

지도:

a) 오이를 씻으십시오. 꽃 끝의 1/16 인치 조각을 잘라 버리고 1/4 인치 줄기는 붙인 채로 둡니다.

b) 큰 용기에 오이를 넣고 끓는 물로 덮습니다. 6~8 시간 후, 그리고 둘째 날에 다시 물을 빼고 1/4 컵의 소금이 들어 있는 신선한 끓는 물 6 쿼터로 덮습니다. 3 일째에는 오이의 물기를 빼고 테이블 포크로 찔러준다.

c) 식초 3 컵, 설탕 3 컵, 강황, 향신료를 넣고 끓입니다. 오이 위에 붓는다. 6~8 시간 후 절임시럽을 물기를 빼고 보관한다. 설탕과 식초를 각각 2 컵 더 넣고 다시 가열하여 끓입니다. 피클을 붓습니다.

d) 넷째 날 물기를 빼고 시럽을 저장합니다. 설탕 2 컵과 식초 1 컵을 더 넣습니다. 끓을 때까지 가열하고 피클 위에 붓습니다. 6~8 시간 후 피클링 시럽을 물기를 빼고 저장합니다. 설탕 1 컵과 바닐라 2 티스푼을 넣고 끓입니다.

e) 뜨거운 멸균 파인트 병에 피클을 채우고 뜨거운 시럽으로 덮어 1/2 인치 헤드 스페이스를 남겨둡니다.

f) 기포를 제거하고 필요한 경우 헤드스페이스를 조정합니다. 물에 적신 깨끗한 종이 타월로 병 테두리를 닦습니다.

g) 뚜껑을 조정하고 처리하십시오.

38. 14일장아찌

재료:

- 2~5 인치 피클링 오이 4 파운드
- 통조림 또는 피클링 소금 3/4 컵
- 셀러리 씨 2 티스푼
- 혼합 피클링 향신료 2 큰술
- 설탕 5-1/2 컵
- 식초 4 컵(5%)

수확량: 약 5~9 파인트

지도:

a) 오이를 씻으십시오. 꽃 끝의 1/16 인치 조각을 잘라 버리고 1/4 인치 줄기는 붙인 채로 둡니다. 오이 전체를 적당한 1 갤런 용기에 넣습니다.

b) 통조림 또는 피클링 소금 1/4 컵을 물 2 쿼트에 넣고 끓입니다. 오이 위에 붓는다. 적절한 덮개와 무게를 추가하십시오.

c) 깨끗한 수건을 용기 위에 놓고 온도를 약 70°F 로 유지합니다. 셋째 날과 다섯째 날에는 소금물을 빼고 버린다. 오이를 헹구고 오이를 용기에 다시 넣습니다. 2 쿼트의 신선한 물에 1/4 컵의 소금을 넣고 끓입니다. 오이 위에 붓는다.

d) 덮개와 추를 교체하고 깨끗한 수건으로 다시 덮으십시오. 일곱째 날에는 소금물을 빼고 버린다. 오이를 헹구고 덮고 무게를 잰다.

39. 빠른 달콤한 피클

재료:

- 3~4 인치 피클링 오이 8 파운드
- 통조림 또는 피클링 소금 1/3 컵
- 설탕 4-1/2 컵
- 식초 3-1/2 컵(5%)
- 셀러리 씨 2 티스푼
- 통 올스파이스 1 큰술
- 겨자씨 2 큰술
- 절인 라임 1 컵(선택사항)

수확량: 약 7~9 파인트

지도:

a) 오이를 씻으십시오. 꽃 끝의 1/16 인치를 자르고 버리되 줄기의 1/4 인치는 남겨 둡니다. 원하는 경우 슬라이스하거나 조각으로 자릅니다. 그릇에 담고 소금 1/3 컵을 뿌린다. 2 인치의 으깬 얼음 또는 각진 얼음으로 덮습니다.

b) 3~4 시간 냉장 보관합니다. 필요에 따라 더 많은 얼음을 추가합니다. 잘 배수하십시오.

c) 설탕, 식초, 셀러리 씨, 올스파이스, 겨자 씨를 6 쿼트 주전자에 넣고 섞습니다. 끓을 때까지 가열하십시오.

d) 핫 팩 - 오이를 넣고 식초 용액이 다시 끓을 때까지 천천히 가열합니다. 혼합물이 고르게 가열되도록 가끔 저어줍니다. 1/2 인치 헤드스페이스를 남기고 멸균 병을 채웁니다.

e) 원시 팩 - 1/2 인치 머리 공간을 남기고 뜨거운 병을 채웁니다. 뜨거운 절임 시럽을 추가하고 1/2 인치 헤드스페이스를 남겨둡니다.

f) 기포를 제거하고 필요한 경우 헤드스페이스를 조정합니다. 물에 적신 깨끗한 종이 타월로 병 테두리를 닦습니다.

g) 뚜껑을 조정하고 처리하십시오.

40. 절인 아스파라거스

재료:

- 아스파라거스 10 파운드
- 큰 마늘 6 쪽
- 물 4-1/2 컵
- 백식초(5%) 4-1/2 컵
- 작은 고추 6 개(선택사항)
- 통조림 소금 1/2 컵
- 딜 씨 3 작은술

수율: 입구가 넓은 파인트 병 6 개

지도:

a) 아스파라거스를 흐르는 물에 조심스럽게 잘 씻으십시오. 비닥에서 줄기를 잘라 통조림 병에 넣는 팁이 있는 창을 남기고 1/2 인치보다 조금 더 많은 머리 공간을 남깁니다. 마늘 정향을 껍질을 벗기고 씻으십시오.

b) 각 병의 바닥에 마늘 정향을 놓고 무딘 끝이 아래로 향하도록 뜨거운 병에 아스파라거스를 단단히 포장하십시오. 8 쿼트 소스 냄비에 물, 식초, 고추(선택사항), 소금, 딜씨를 섞습니다.

c) 종기에 가져다. 아스파라거스 창 위에 각 병에 고추(사용된 경우) 하나를 놓습니다. 1/2 인치 머리 공간을 남기고 끓는 뜨거운 피클링 소금물을 창 위에 붓습니다.

d) 기포를 제거하고 필요한 경우 헤드스페이스를 조정합니다. 물에 적신 깨끗한 종이 타월로 병 테두리를 닦습니다.

e) 뚜껑을 조정하고 처리하십시오.

41. 절인딜콩

재료:

- 신선한 연한 녹색 또는 노란색 콩 4 파운드
- 신선한 딜 머리 8~16 개
- 마늘 8 쪽(선택 사항)
- 통조림 또는 피클링 소금 1/2 컵

- 백식초(5%) 4 컵
- 물 4 컵
- 매운 레드 페퍼 레이크 1 티스푼(선택 사항)

수확량: 약 8 파인트

지도:

a) 콩의 끝부분을 씻어 다듬고 4 인치 길이로 자릅니다. 각각의 뜨거운 멸균 파인트 병에 1~2 개의 딜 머리와 원하는 경우 마늘 1 쪽을 넣습니다. 1/2 인치 머리 공간을 남기고 전체 콩을 항아리에 똑바로 세웁니다.

b) 필요한 경우 콩을 다듬어 적절하게 만듭니다. 소금, 식초, 물, 페퍼 레이크(원하는 경우)를 섞습니다. 종기에 가져다. 콩에 뜨거운 용액을 추가하고 1/2 인치 헤드스페이스를 남겨둡니다.

c) 기포를 제거하고 필요한 경우 헤드스페이스를 조정합니다. 물에 적신 깨끗한 종이 타월로 병 테두리를 닦습니다.

d) 뚜껑을 조정하고 처리하십시오.

42. 절인 세 콩 샐러드

재료:

- 데친 녹두/ 황콩 1-1/2 컵
- 물기를 제거한 통조림 1-1/2 컵의 붉은 강낭콩
- 통조림으로 만든 물기를 뺀 병아리콩 1 컵
- 껍질을 벗기고 얇게 썬 양파 1/2 컵
- 손질하고 얇게 썬 셀러리 1/2 컵
- 1/2 컵 얇게 썬 피망
- 백식초(5%) 1/2 컵
- 병에 든 레몬 주스 1/4 컵
- 설탕 3/4 컵
- 기름 1/4 컵
- 통조림 또는 피클링 소금 1/2 티스푼
- 물 1-1/4 컵

수확량: 약 5~6 파인트

지도:

a) 신선한 원두의 끝 부분을 씻어서 스냅합니다. 1~2 인치 조각으로 자르거나 스냅합니다.

b) 3 분간 데치고 바로 식힌다. 강낭콩은 수돗물로 헹구고 다시 물기를 뺍니다. 다른 모든 야채를 준비하고 측정하십시오.

c) 식초, 레몬즙, 설탕, 물을 넣고 끓입니다. 열에서 제거하십시오.

d) 기름과 소금을 넣고 잘 섞는다. 콩, 양파, 셀러리, 피망을 용액에 넣고 끓입니다.

e) 냉장고에서 12~14 시간 동안 마리네이드한 다음 전체 혼합물을 끓입니다. 뜨거운 병에 고형물을 채웁니다. 1/2 인치 헤드스페이스를 남기고 뜨거운 액체를 추가합니다.

f) 기포를 제거하고 필요한 경우 헤드스페이스를 조정합니다. 물에 적신 깨끗한 종이 타월로 병 테두리를 닦습니다.

g) 뚜껑을 조정하고 처리하십시오.

43. 절인비트

재료:

- 직경 2-1/2 인치 비트 7 파운드
- 식초 4 컵(5%)
- 통조림 또는 피클링 소금 1-1/2 티스푼
- 설탕 2 컵
- 물 2 컵
- 계피 스틱 2 개
- 정향 12 개
- 양파 4-6 개(지름 2-2-1/2 인치),

수확량: 약 8 파인트

지도:

a) 색이 번지는 것을 방지하기 위해 줄기와 뿌리를 1 인치 정도 남기고 비트 윗부분을 다듬습니다.

b) 철저히 씻으십시오. 크기별로 정렬합니다. 끓는 물과 비슷한 크기로 덮고 부드러워질 때까지 익힙니다(약 25~30 분). 주의: 액체를 비우고 버립니다. 멋진 사탕무. 뿌리와 줄기를 다듬고 껍질을 벗겨냅니다. 1/4 인치 조각으로 자릅니다. 양파를 껍질을 벗기고 얇게 썬다.

c) 식초, 소금, 설탕, 담수를 섞습니다. 무명천 가방에 향신료를 넣고 식초 혼합물에 추가합니다. 종기에 가져다. 사탕무와 양파를 추가하십시오. 5 분간 끓인다. 양념 주머니를 제거합니다.

d) 비트와 양파로 뜨거운 병을 채우고 1/2 인치 헤드스페이스를 남겨둡니다. 뜨거운 식초 용액을 추가하여 1/2 인치 헤드스페이스를 허용합니다.

e) 기포를 제거하고 필요한 경우 헤드스페이스를 조정합니다. 물에 적신 깨끗한 종이 타월로 병 테두리를 닦습니다.

f) 뚜껑을 조정하고 처리하십시오.

44. 절인 당근

재료:

- 껍질을 벗긴 당근 2-3/4 파운드
- 백식초(5%) 5-1/2 컵
- 물 1 컵
- 설탕 2 컵
- 통조림 소금 2 작은술
- 겨자씨 8 작은술
- 셀러리 씨 4 티스푼

수확량: 약 4 파인트

지도:

a) 당근을 씻고 껍질을 벗기십시오. 약 1/2 인치 두께의 원형으로 자릅니다.

b) 식초, 물, 설탕, 통조림 소금을 8 쿼트 더치 오븐이나 냄비에 넣습니다. 끓여서 3 분 끓입니다. 당근을 넣고 다시 끓입니다. 그런 다음 불을 약하게 줄이고 반쯤 익을 때까지 가열합니다(약 10 분).

c) 한편, 겨자씨 2 티스푼과 셀러리씨 1 티스푼을 각 빈 핫 파인트 병에 넣습니다. 항아리에 뜨거운 당근을 채우고 1 인치의 머리 공간을 남겨둡니다. 1/2 인치 헤드스페이스를 남기고 뜨거운 피클링 액체를 채웁니다.

d) 기포를 제거하고 필요한 경우 헤드스페이스를 조정합니다. 물에 적신 깨끗한 종이 타월로 병 테두리를 닦습니다.

e) 뚜껑을 조정하고 처리하십시오.

45. 절인 콜리플라워 브로콜리

재료:

- 1~2 인치 꽃양배추 또는 작은 브뤼셀 콩나물 12 컵
- 백식초(5%) 4 컵
- 설탕 2 컵
- 얇게 썬 양파 2 컵
- 다진 달콤한 고추 1 컵
- 겨자씨 2 큰술
- 셀러리 씨 1 큰술
- 강황 1 티스푼
- 핫 레드 페퍼 레이크 1 티스푼

수확량: 약 9 파인트

지도:

a) 꽃 양배추 또는 브뤼셀 콩나물을 씻고(줄기와 흠집이 있는 바깥 잎 제거) 소금물(물 1 갤런당 통조림 소금 4 티스푼)에 콜리로우어의 경우 3 분, 브뤼셀 콩나물의 경우 4 분 동안 끓입니다. 배수하고 식히십시오.

b) 큰 냄비에 식초, 설탕, 양파, 다진 고추, 향신료를 넣고 섞습니다. 끓여서 5 분 동안 끓입니다. 항아리에 양파와 잘게 썬 고추를 분배하십시오. 뜨거운 병에 조각과 피클링 용액을 채우고 1/2 인치 헤드 공간을 남겨둡니다.

c) 기포를 제거하고 필요한 경우 헤드스페이스를 조정합니다. 물에 적신 깨끗한 종이 타월로 병 테두리를 닦습니다.

d) 뚜껑을 조정하고 처리하십시오.

46. 치포틀레와 하바네로 술로

재료:

- 잘게 썬 지카마 4 컵
- 잘게 썬 차요테 4 컵
- 다진 빨간 피망 2 컵
- 다진 고추 2 개
- 물 2-1/2 컵
- 사이다 식초 2-1/2 컵(5%)
- 백설탕 1/2 컵
- 통조림 소금 3-1/2 작은술
- 셀러리 씨 1 티스푼(선택 사항)

수확량: 약 6 파인트

지도:

a) 주의: 플라스틱 또는 고무 장갑을 착용하고 고추를 만지거나 자를 때 얼굴을 만지지 마십시오. 장갑을 착용하지 않은 경우 얼굴이나 눈을 만지기 전에 비누와 물로 손을 깨끗이 씻으십시오.

b) 히카마와 차요테를 씻어서 껍질을 벗기고 얇게 채썰어 차요테의 씨를 버립니다. 8 쿼트 더치 오븐이나 육수 냄비에 차요테를 제외한 모든 재료를 섞습니다. 끓여서 5 분 동안 끓입니다.

c) 약불로 줄이고 차요테를 넣습니다. 다시 끓이다가 불을 끈다. 뜨거운 고형물을 뜨거운 반 파인트 병에 채우고 1/2 인치 헤드 스페이스를 남겨 둡니다.

d) 끓는 요리 액체로 덮고 1/2 인치 헤드 스페이스를 남겨 둡니다.

e) 기포를 제거하고 필요한 경우 헤드스페이스를 조정합니다. 물에 적신 깨끗한 종이 타월로 병 테두리를 닦습니다.

f) 뚜껑을 조정하고 처리하십시오.

47. 빵과 버터로 절인 jicama

재료:

- 히카마 조각 14 컵
- 얇게 썬 양파 3 컵
- 잘게 썬 붉은 피망 1 컵
- 백식초(5%) 4 컵
- 설탕 4-1/2 컵
- 겨자씨 2 큰술
- 셀러리 씨 1 큰술
- 강황 가루 1 티스푼

수확량: 약 6 파인트

지도:

a) 식초, 설탕, 향신료를 12 쿼트 더치 오븐이나 큰 소스 냄비에 넣고 섞습니다. 저어 끓입니다. 준비된 히카마, 양파 슬라이스, 붉은 피망을 저어줍니다. 다시 끓으면 열을 줄이고 5 분간 끓입니다. 가끔 저어주세요.

b) 뜨거운 고형물을 뜨거운 파인트 병에 채우고 1/2 인치 헤드스페이스를 남겨둡니다. 끓는 요리 액체로 덮고 1/2 인치 헤드 스페이스를 남겨 둡니다.

c) 기포를 제거하고 필요한 경우 헤드스페이스를 조정합니다. 물에 적신 깨끗한 종이 타월로 병 테두리를 닦습니다.

d) 뚜껑을 조정하고 처리하십시오.

48. 절인 전체 버섯

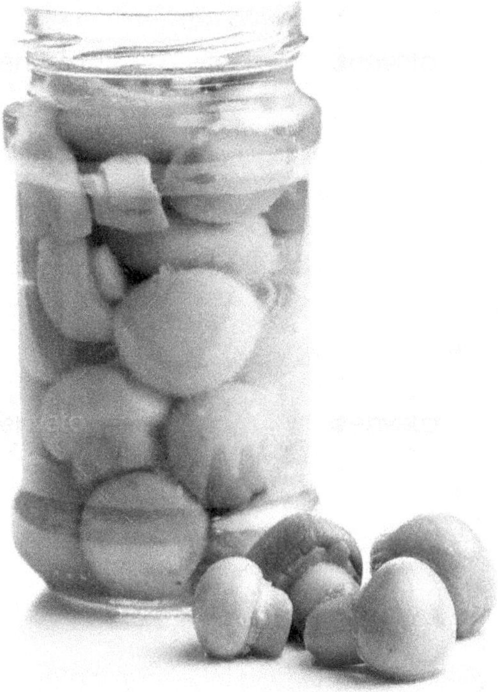

재료:

- 작은 통버섯 7 파운드
- 병에 든 레몬 주스 1/2 컵
- 올리브 오일 또는 샐러드 오일 2 컵
- 백식초(5%) 2-1/2 컵
- 오레가노 잎 1 큰술
- 말린 바질 잎 1 큰술
- 통조림 또는 피클링 소금 1 큰술
- 다진 양파 1/2 컵
- 다진 피미엔토 1/4 컵
- 4 등분한 마늘 2 쪽
- 검은 후추 열매 25 개

수확량: 약 9 파인트

지도:

a) 직경이 1-1/4 인치 미만인 뚜껑을 개봉하지 않은 매우 신선한 미개봉 버섯을 선택하십시오. 씻으십시오. 줄기를 자르고 뚜껑에 1/4 인치가 붙어 있습니다. 덮기 위해 레몬 주스와 물을 추가하십시오. 끓이다. 5 분간 끓인다. 배수 버섯.

b) 냄비에 올리브 오일, 식초, 오레가노, 바질, 소금을 섞습니다. 양파와 피미엔토를 넣고 저으면서 끓입니다.

c) 반 파인트 병에 마늘 1/4 쪽과 통후추 2-3 개를 넣습니다. 뜨거운 병에 버섯과 뜨겁고 잘 혼합된 오일/식초 용액을 채우고 1/2 인치 헤드스페이스를 남겨둡니다.

d) 기포를 제거하고 필요한 경우 헤드스페이스를 조정합니다. 물에 적신 깨끗한 종이 타월로 병 테두리를 닦습니다.

e) 뚜껑을 조정하고 처리하십시오.

49. 절인 딜 오크라

재료:

- 작은 오크라 꼬투리 7 파운드
- 작은 고추 6 개
- 딜 씨 4 티스푼
- 마늘 8~9 쪽
- 통조림 또는 피클링 소금 2/3 컵
- 물 6 컵
- 식초 6 컵(5%)

수확량: 약 8~9 파인트

지도:

a) 오크라를 씻고 다듬습니다. 1/2 인치 머리 공간을 남기고 전체 오크라로 뜨거운 병을 단단히 채웁니다. 각 병에 마늘 1 쪽을 넣습니다.

b) 큰 냄비에 소금, 고추, 딜씨, 물, 식초를 넣고 끓입니다. 뜨거운 피클링 용액을 오크라 위에 붓고 1/2 인치 헤드스페이스를 남겨둡니다.

c) 기포를 제거하고 필요한 경우 헤드스페이스를 조정합니다. 물에 적신 깨끗한 종이 타월로 병 테두리를 닦습니다.

d) 뚜껑을 조정하고 처리하십시오.

50. 절인 진주 양파

재료:

- 껍질을 벗긴 흰 진주 양파 8 컵
- 백식초(5%) 5-1/2 컵
- 물 1 컵
- 통조림 소금 2 작은술
- 설탕 2 컵
- 겨자씨 8 작은술
- 셀러리 씨 4 티스푼

수확량: 약 3~4 파인트

지도:

a) 양파 껍질을 벗기려면 철망 바구니나 체에 한 번에 몇 개씩 넣고 끓는 물에 30 초간 담갔다가 꺼내어 찬물에 30 초간 담가둡니다. 뿌리 끝에서 1/16 인치 슬라이스를 자른 다음 껍질을 제거하고 양파의 다른 쪽 끝에서 1/16 인치를 자릅니다.

b) 식초, 물, 소금, 설탕을 8 쿼트 더치 오븐이나 냄비에 넣고 섞습니다. 끓여서 3 분 끓입니다.

c) 껍질을 벗긴 양파를 넣고 다시 끓입니다. 약불로 줄이고 반쯤 익을 때까지 가열합니다(약 5 분).

d) 한편, 겨자씨 2 티스푼과 셀러리씨 1 티스푼을 각 빈 핫 파인트 병에 넣습니다. 1 인치의 헤드스페이스를 남기고 뜨거운 양파를 채웁니다. 1/2 인치 헤드스페이스를 남기고 뜨거운 피클링 액체를 채웁니다.

e) 기포를 제거하고 필요한 경우 헤드스페이스를 조정합니다. 물에 적신 깨끗한 종이 타월로 병 테두리를 닦습니다.

f) 뚜껑을 조정하고 처리하십시오.

51. 절인 고추

재료:

- 벨, 헝가리식, 바나나 또는 할라피뇨
- 단단한 고추 4 파운드
- 병에 든 레몬 주스 1 컵
- 백식초 2 컵(5%)
- 오레가노 잎 1 큰술
- 올리브 오일 또는 샐러드 오일 1 컵
- 다진 양파 1/2 컵
- 4 등분한 마늘 2 쪽(선택 사항)
- 준비된 고추냉이 2 큰술(선택사항)

수확량: 약 9 파인트

지도:

a) 좋아하는 고추를 선택하십시오. 주의: 고추를 고를 때는 비닐장갑이나 고무장갑을 끼고 고추를 만지거나 썰 때 얼굴을 만지지 마세요.

b) 각 고추를 씻어서 2-4 개의 칼집을 낸 다음 끓는 물에 데치거나 껍질이 딱딱한 고추에 물집을 낸 다음 두 가지 방법 중 하나를 사용하십시오.

c) 껍질에 물집을 만드는 오븐 또는 브로일러 방법 - 고추를 뜨거운 오븐(400°F)에 넣거나 껍질에 물집이 생길 때까지 6~8 분 동안 브로일러에 넣습니다.

d) 피부에 물집이 생기기 위한 레인지톱 방법 - 두꺼운 철망으로 뜨거운 버너(가스 또는 전기)를 덮습니다.

e) 피부에 물집이 생길 때까지 몇 분 동안 버너에 고추를 놓습니다.

f) 물집이 생긴 껍질을 냄비에 넣고 젖은 천으로 덮습니다. (이렇게 하면 고추 껍질을 쉽게 벗길 수 있습니다.) 몇 분간 식힙니다. 피부 껍질. 전체 고추를 평평하게하십시오.

g) 남은 재료를 모두 냄비에 넣고 끓일 때까지 가열합니다. 1/4 마늘 정향(선택사항)과 1/4 티스푼의 소금을 각 뜨거운 반 파인트 병에 넣거나 파인트당 1/2 티스푼을 넣습니다. 뜨거운 병에 후추를 채웁니다. 뜨겁고 잘 혼합된 오일/절임 용액을 고추 위에 추가하고 1/2 인치 헤드 공간을 남겨 둡니다.

h) 기포를 제거하고 필요한 경우 헤드스페이스를 조정합니다. 물에 적신 깨끗한 종이 타월로 병 테두리를 닦습니다.

i) 뚜껑을 조정하고 처리하십시오.

52. 절인 피망

재료:

- 단단한 피망 7 파운드
- 설탕 3-1/2 컵
- 식초 3 컵(5%)
- 물 3 컵
- 마늘 9 쪽
- 통조림 또는 피클링 소금 4-1/2 티스푼

수확량: 약 9 파인트

지도:

a) 파프리카는 씻어서 4 등분하고 씨와 씨를 제거하고 흠집을 제거한다. 고추를 얇게 썬다. 설탕, 식초, 물을 1 분간 끓입니다.

b) 후추를 넣고 끓입니다. 뜨거운 멸균 반 파인트 병에 마늘 1/2 쪽과 소금 1/4 티스푼을 넣으십시오. 파인트 병의 양을 두 배로 늘리십시오.

c) 페퍼 스트립을 추가하고 뜨거운 식초 혼합물로 덮고 1/2 인치만 남깁니다.

53. 절인고추

재료:

- 헝가리식, 바나나, 칠레, 할라피뇨
- 4 파운드의 뜨거운 긴 빨강, 녹색 또는 노란색 고추
- 3 파운드 달콤한 빨강 및 녹색 고추, 혼합
- 식초 5 컵(5%)
- 물 1 컵
- 통조림 또는 피클링 소금 4 티스푼
- 설탕 2 큰술
- 마늘 2 쪽

수확량: 약 9 파인트

지도:

a) 주의: 플라스틱 또는 고무 장갑을 착용하고 고추를 만지거나 자를 때 얼굴을 만지지 마십시오. 장갑을 착용하지 않은 경우 얼굴이나 눈을 만지기 전에 비누와 물로 손을 깨끗이 씻으십시오.

b) 고추를 씻으십시오. 작은 고추가 통째로 남아 있으면 각각에 2~4 개의 슬릿을 베십시오. 큰 고추를 4 등분합니다.

c) 다음 두 가지 방법 중 하나를 사용하여 끓는 물에 데치거나 껍질이 딱딱한 고추에 물집이 생기는 껍질을 벗기십시오.

d) 껍질에 물집을 만드는 오븐 또는 브로일러 방법 - 고추를 뜨거운 오븐(400°F)에 넣거나 껍질에 물집이 생길 때까지 6~8 분 동안 브로일러에 넣습니다.

e) 피부에 물집이 생기기 위한 레인지톱 방법 - 두꺼운 철망으로 뜨거운 버너(가스 또는 전기)를 덮습니다.

f) 피부에 물집이 생길 때까지 몇 분 동안 버너에 고추를 놓습니다.

g) 물집이 생긴 껍질을 냄비에 넣고 젖은 천으로 덮습니다. (이렇게 하면 고추 껍질을 쉽게 벗길 수 있습니다.) 몇 분간 식힙니다. 피부 껍질. 작은 고추를

평평하게하십시오. 큰 고추를 4 등분합니다. 뜨거운 병에 고추를 채우고 1/2 인치 머리 공간을 남겨둡니다.

h) 다른 재료를 결합하고 가열하여 끓이고 10 분 동안 끓입니다. 마늘을 제거하십시오. 고추 위에 뜨거운 피클링 용액을 추가하고 1/2 인치 헤드스페이스를 남겨둡니다.

i) 기포를 제거하고 필요한 경우 헤드스페이스를 조정합니다. 물에 적신 깨끗한 종이 타월로 병 테두리를 닦습니다.

j) 뚜껑을 조정하고 처리하십시오.

54. 절인 할라피뇨 고추 링

재료:

- 할라피뇨 고추 3 파운드
- 라임 절임 1-1/2 컵
- 물 1-1/2 갤런
- 사이다 식초 7-1/2 컵(5%)
- 물 1-3/4 컵
- 통조림 소금 2-1/2 큰술
- 셀러리 씨 3 큰술
- 겨자씨 6 큰술

수율: 약 6 파인트 병

지도:

a)　주의: 플라스틱 또는 고무 장갑을 착용하고 고추를 만지거나 자를 때 얼굴을 만지지 마십시오.

b)　고추를 잘 씻고 1/4 인치 두께로 자릅니다. 스템 끝을 버립니다.

c)　스테인리스 스틸, 유리 또는 식품 등급 플라스틱 용기에 1-1/2 컵의 절인 석회와 1-1/2 갤런의 물을 섞습니다. 석회-물 용액을 혼합하는 동안 석회 먼지를 흡입하지 마십시오.

d)　때때로 저어주면서 18 시간 동안 냉장고에 있는 석회수에 고추 조각을 담급니다(12~24 시간 사용 가능). 담근 후추 고리에서 석회 용액을 배출하십시오.

e)　고추를 부드럽게 그러나 철저하게 물로 헹굽니다. 신선한 냉수로 페퍼 링을 덮고 냉장고에 1 시간 담가둡니다. 고추에서 물을 빼십시오. 헹굼, 담그기 및 배수 단계를 두 번 더 반복하십시오. 마지막에 철저히 배수하십시오.

f)　뜨거운 파인트 병의 바닥에 겨자씨 1 큰술과 셀러리씨 1-1/2 작은술을 넣습니다. 물기를 뺀 페퍼 링을 항아리에 넣고 1/2 인치 헤드스페이스를 남겨둡니다. 사이다 식초, 물 1-3/4 컵, 통조림 소금을 센 불에서 끓입니다. 1/2 인치 헤드스페이스를 남기고 끓는 뜨거운 염수 용액을 항아리의 후추 고리 위에 국자에 담습니다.

g)　기포를 제거하고 필요한 경우 헤드스페이스를 조정합니다. 물에 적신 깨끗한 종이 타월로 병 테두리를 닦습니다.

h)　뚜껑을 조정하고 처리하십시오.

55. 절인노란후추고리

재료:

- 노란색(바나나) 고추 2-1/2~3 파운드
- 셀러리 씨 2 큰술
- 겨자씨 4 큰술
- 사이다 식초 5 컵(5%)
- 물 1-1/4 컵
- 통조림 소금 5 티스푼

수율: 약 4 파인트 병

지도:

a) 고추를 잘 씻어서 꼭지 부분을 제거하고, 고추를 1/4 인치 두께의 고리로 자릅니다. 각 빈 핫 파인트 병의 바닥에 셀러리 씨 1/2 큰술과 겨자 씨 1 큰술을 넣습니다.

b) 페퍼 링을 항아리에 채우고 1/2 인치 헤드 공간을 남겨둡니다. 4 쿼트 더치 오븐이나 냄비에 사이다 식초, 물, 소금을 섞습니다. 끓는 열. 끓는 피클링 액체로 페퍼 링을 덮고 1/2 인치 헤드스페이스를 남겨둡니다.

c) 기포를 제거하고 필요한 경우 헤드스페이스를 조정합니다. 물에 적신 깨끗한 종이 타월로 병 테두리를 닦습니다.

d) 뚜껑을 조정하고 처리하십시오.

56. 절인 달콤한 그린 토마토

재료:

- 그린 토마토 10~11 파운드
- 얇게 썬 양파 2 컵
- 통조림 또는 피클링 소금 1/4 컵
- 흑설탕 3 컵
- 식초 4 컵(5%)
- 겨자씨 1 큰술
- 올스파이스 1 큰술
- 셀러리 씨 1 큰술
- 통 정향 1 큰술

수확량: 약 9 파인트

지도:

a) 토마토와 양파를 씻어서 썬다. 그릇에 담고 소금 1/4 컵을 뿌린 후 4~6 시간 동안 그대로 둡니다. 물을 빼다. 녹을 때까지 식초에 설탕을 가열하고 저어줍니다.

b) 겨자씨, 올스파이스, 셀러리씨, 정향을 양념 주머니에 묶습니다. 토마토와 양파로 식초에 추가하십시오. 필요한 경우 최소한의 물을 추가하여 조각을 덮으십시오. 타지 않도록 필요에 따라 저으면서 끓이고 30 분 동안 끓입니다. 토마토는 적절하게 익혔을 때 부드럽고 투명해야 합니다.

c) 양념 주머니를 제거합니다. 뜨거운 용기에 고형물을 채우고 뜨거운 피클링 용액으로 덮어 1/2 인치 헤드스페이스를 남겨둡니다.

d) 기포를 제거하고 필요한 경우 헤드스페이스를 조정합니다. 물에 적신 깨끗한 종이 타월로 병 테두리를 닦습니다.

e) 뚜껑을 조정하고 처리하십시오.

57. 절인 혼합 야채

재료:

- 4~5 인치 피클링 오이 4 파운드
- 껍질을 벗기고 4 등분한 작은 양파 2 파운드
- 자른 셀러리 4 컵(1 인치 조각)
- 껍질을 벗기고 자른 당근 2 컵(1/2 인치 조각)
- 잘게 썬 달콤한 고추 2 컵(1/2 인치 조각)
- 콜리플라워 꽃 2 컵
- 백식초 5 컵(5%)
- 준비한 머스타드 1/4 컵
- 통조림 또는 피클링 소금 1/2 컵
- 설탕 3-1/2 컵
- 셀러리 씨 3 큰술
- 겨자씨 2 큰술
- 통 정향 1/2 작은술
- 강황 가루 1/2 작은술

수확량: 약 10 파인트

지도:

a) 야채를 섞고 **2** 인치의 각얼음 또는 으깬 얼음으로 덮고 **3~4** 시간 동안 냉장 보관합니다. **8** 쿼터 주전자에 식초와 겨자를 넣고 잘 섞습니다. 소금, 설탕, 셀러리 씨, 겨자 씨, 정향, 심황을 추가합니다. 종기에 가져다. 야채를 배수하고 뜨거운 절임 용액에 추가하십시오.

b) 덮고 천천히 끓입니다. 야채는 물기를 빼고 절인 용액은 보관하십시오. 뜨거운 멸균 파인트 병 또는 뜨거운 쿼트에 야채를 채우고 **1/2** 인치 헤드 스페이스를 남겨 둡니다. 절임 용액을 추가하고 **1/2** 인치 헤드스페이스를 남겨둡니다.

c) 기포를 제거하고 필요한 경우 헤드스페이스를 조정합니다. 물에 적신 깨끗한 종이 타월로 병 테두리를 닦습니다.

d) 뚜껑을 조정하고 처리하십시오.

58. 절인 빵과 버터 호박

재료:

- 얇게 썬 신선한 애호박 16 컵
- 얇게 썬 양파 4 컵
- 통조림 또는 피클링 소금 1/2 컵
- 백식초(5%) 4 컵
- 설탕 2 컵
- 겨자씨 4 큰술
- 셀러리 씨 2 큰술
- 강황 가루 2 작은술

수확량: 약 8~9 파인트

지도:

a) 호박과 양파 슬라이스를 1 인치의 물과 소금으로 덮습니다. 2 시간 동안 그대로 두었다가 물기를 완전히 뺍니다. 식초, 설탕, 향신료를 섞습니다. 끓여서 호박과 양파를 넣으십시오. 혼합물과 피클링 용액으로 5 분 동안 끓인 후 뜨거운 병에 1/2 인치 헤드스페이스를 남겨둡니다.

b) 기포를 제거하고 필요한 경우 헤드스페이스를 조정합니다. 물에 적신 깨끗한 종이 타월로 병 테두리를 닦습니다.

c) 뚜껑을 조정하고 처리하십시오.

59. 처트니와 배 렐리시

재료:

- 껍질을 벗기고 깍뚝썰기한 차요테 3-1/2 컵
- 껍질을 벗긴 세켈 배 3-1/2 컵
- 다진 빨간 피망 2 컵
- 다진 노란 피망 2 컵
- 다진 양파 3 컵
- 다진 세라노 고추 2 개
- 사이다 식초 2-1/2 컵(5%)
- 물 1-1/2 컵
- 백설탕 1 컵
- 통조림 소금 2 작은술
- 올스파이스 가루 1 티스푼
- 간 호박 파이 향신료 1 작은술

수율: 약 5 파인트 병

지도:

a) 차요테와 배를 씻어서 껍질을 벗기고 1/2 인치 입방체로 자르고 코어와 씨는 버립니다. 양파와 고추를 자른다. 더치 오븐이나 큰 냄비에 식초, 물, 설탕, 소금, 향신료를 섞습니다. 끓여서 저어 설탕을 녹입니다.

b) 다진 양파와 고추를 추가하십시오; 다시 끓여서 2 분 동안 가끔 저어주면서 끓입니다.

c) 입방체 chayote 와 배를 추가하십시오; 끓는점으로 돌아가 열을 가합니다. 뜨거운 고형물을 뜨거운 파인트 병에 채우고 1 인치 헤드스페이스를 남겨둡니다. 끓는 요리 액체로 덮고 1/2 인치 헤드 공간을 남겨 둡니다.

d) 기포를 제거하고 필요한 경우 헤드스페이스를 조정합니다. 물에 적신 깨끗한 종이 타월로 병 테두리를 닦습니다.

e) 뚜껑을 조정하고 처리하십시오.

60. 피칼릴리

재료:

- 다진 그린 토마토 6 컵
- 다진 달콤한 고추 1-1/2 컵
- 다진 피망 1-1/2 컵
- 다진 양파 2-1/4 컵
- 다진 양배추 7-1/2 컵
- 통조림 또는 피클링 소금 1/2 컵
- 전체 혼합 피클링 스파이스 3 큰술
- 식초 4-1/2 컵(5%)
- 흑설탕 3 컵

수확량: 약 9 파인트

지도:

a) 채소를 씻고 자르고 소금 1/2 컵과 섞습니다. 뜨거운 물로 덮고 12 시간 동안 그대로 둡니다. 깨끗한 흰색 천으로 물기를 빼고 눌러 가능한 모든 액체를 제거합니다. 양념 주머니에 양념을 느슨하게 묶고 섞은 식초와 흑설탕을 넣고 소스 팬에서 끓입니다.

b) 야채를 넣고 30 분 또는 혼합물의 양이 반으로 줄어들 때까지 부드럽게 끓입니다. 양념 주머니를 제거합니다.

c) 뜨거운 멸균 용기에 뜨거운 혼합물을 채우고 1/2 인치 헤드스페이스를 남겨둡니다.

d) 기포를 제거하고 필요한 경우 헤드스페이스를 조정합니다. 물에 적신 깨끗한 종이 타월로 병 테두리를 닦습니다.

e) 뚜껑을 조정하고 처리하십시오.

61. 피클렐리쉬

재료:

- 다진 오이 3 쿼터
- 다진 청양고추와 홍고추 각각 3 컵
- 다진 양파 1 컵
- 통조림 또는 피클링 소금 3/4 컵
- 얼음 4 컵
- 물 8 컵
- 설탕 2 컵
- 겨자씨, 강황, 통올스파이스, 통정향 각각 4 티스푼
- 백식초 6 컵(5%)

수확량: 약 9 파인트

지도:

a) 오이, 고추, 양파, 소금, 얼음을 물에 넣고 4 시간 동안 그대로 둡니다. 한 시간 더 신선한 얼음물로 야채를 물기를 빼고 다시 덮으십시오. 다시 배수하십시오.

b) 향신료 또는 무명천 가방에 향신료를 결합하십시오. 설탕과 식초에 향신료를 첨가하십시오. 끓을 때까지 가열하고 야채 위에 혼합물을 붓습니다.

c) 뚜껑을 덮고 24 시간 냉장 보관합니다. 혼합물을 끓일 때까지 가열하고 1/2 인치 머리 공간을 남기고 뜨거운 병에 넣습니다.

d) 기포를 제거하고 필요한 경우 헤드스페이스를 조정합니다. 물에 적신 깨끗한 종이 타월로 병 테두리를 닦습니다.

e) 뚜껑을 조정하고 처리하십시오.

62. 절인 옥수수 양념

재료:

- 신선한 통옥수수 10 컵
- 다진 달콤한 고추 2-1/2 컵
- 다진 피망 2-1/2 컵
- 다진 셀러리 2-1/2 컵
- 다진 양파 1-1/4 컵
- 설탕 1-3/4 컵
- 식초 5 컵(5%)
- 통조림 또는 피클링 소금 2-1/2 큰술
- 셀러리 씨 2-1/2 티스푼
- 마른 머스타드 2-1/2 큰술
- 강황 1-1/4 티스푼

수확량: 약 9 파인트

지도:

a) 옥수수 이삭을 5 분간 삶는다. 찬물에 담그십시오. 옥수수 알맹이를 통째로 자르거나 10 온스짜리 냉동 옥수수 6 개를 사용하십시오.

b) 고추, 셀러리, 양파, 설탕, 식초, 소금, 셀러리 씨를 냄비에 넣고 섞습니다.

c) 가끔 저어주면서 5 분간 끓이고 끓입니다. 끓인 혼합물의 1/2 컵에 겨자와 강황을 섞습니다. 뜨거운 혼합물에 이 혼합물과 옥수수를 추가합니다.

d) 5 분 더 끓입니다. 원하는 경우 밀가루 페이스트(물 1/4 컵에 밀가루 1/4 컵 혼합)로 혼합물을 걸쭉하게 만들고 자주 저어줍니다. 뜨거운 병에 뜨거운 혼합물을 채우고 1/2 인치 헤드스페이스를 남겨둡니다.

e) 기포를 제거하고 필요한 경우 헤드스페이스를 조정합니다. 물에 적신 깨끗한 종이 타월로 병 테두리를 닦습니다.

f) 뚜껑을 조정하고 처리하십시오.

63. 절인 그린 토마토 렐리시

재료:

- 작고 딱딱한 그린 토마토 10 파운드
- 빨간 피망 1-1/2 파운드
- 녹색 피망 1-1/2 파운드
- 양파 2 파운드
- 통조림 또는 피클링 소금 1/2 컵
- 물 1 쿼트
- 설탕 4 컵
- 식초 1 쿼트(5%)
- 준비된 노란 겨자 1/3 컵
- 옥수수 전분 2 큰술

수확량: 약 7~9 파인트

지도:

a) 토마토, 피망, 양파를 씻어서 거칠게 갈거나 다진다. 물에 소금을 녹이고 큰 주전자에 야채를 붓습니다. 끓을 때까지 가열하고 5 분간 끓입니다. 소쿠리에서 배수하십시오. 야채를 주전자에 다시 넣습니다.

b) 설탕, 식초, 겨자 및 옥수수 전분을 첨가하십시오. 저어 섞는다. 끓을 때까지 가열하고 5 분간 끓입니다.

c) 뜨거운 멸균 파인트 병에 뜨거운 양념을 채우고 1/2 인치 헤드 스페이스를 남겨둡니다.

d) 기포를 제거하고 필요한 경우 헤드스페이스를 조정합니다. 물에 적신 깨끗한 종이 타월로 병 테두리를 닦습니다.

e) 뚜껑을 조정하고 처리하십시오.

64. 절인 양고추냉이 소스

재료:

- 갓 간 고추냉이 2 컵(3/4lb)
- 백식초 1 컵(5%)
- 통조림 또는 피클링 소금 1/2 티스푼
- 분말 아스코르브산 1/4 티스푼

수확량: 약 2 파인트

지도:

a) 신선한 양 고추 냉이의 매운맛은 냉장 보관하더라도 1~2 개월 이내에 사라집니다. 따라서 한 번에 소량만 만드십시오.

b) 양 고추 냉이 뿌리를 깨끗이 씻어 갈색 껍질을 벗기십시오. 껍질을 벗긴 뿌리는 푸드 프로세서에서 갈거나 작은 입방체로 자르고 식품 분쇄기에 넣을 수 있습니다.

c) 재료와 병을 멸균 병에 넣고 1/4 인치 헤드스페이스를 남겨둡니다.

d) 항아리를 단단히 밀봉하고 냉장고에 보관하십시오.

65. 절인 고추 양파 양념

재료:

- 다진 양파 6 컵
- 잘게 썬 달콤한 고추 3 컵
- 다진 피망 3 컵
- 설탕 1-1/2 컵
- 식초(5%) 6 컵, 바람직하게는 백증류
- 통조림 또는 피클링 소금 2 큰술

수확량: 약 9 파인트

지도:

a) 야채를 씻고 자른다. 모든 재료를 섞고 혼합물이 걸쭉해지고 부피가 반으로 줄어들 때까지 부드럽게 끓입니다(약 30 분).

b) 1/2 인치 헤드스페이스를 남기고 뜨거운 멸균 용기에 뜨거운 양념을 채우고 단단히 밀봉합니다.

c) 냉장고에 보관하고 한 달 이내에 사용하십시오.

66. 매콤한 하바네로 김치

재료:

- 다진 히카마 9 컵
- 혼합 피클링 스파이스 통째로 1 큰술
- 2 인치 스틱 계피 1 개
- 백식초(5%) 8 컵
- 설탕 4 컵
- 다진 고추 2 작은술
- 깍둑썰기한 노란 피망 4 컵
- 다진 붉은 피망 4-1/2 컵
- 다진 양파 4 컵
- 다진 후 씨를 부분적으로 제거한 신선한 손가락 고추 2 개(각각 약 6 인치)

수율: 약 7 파인트 병

지도:

a) 주의: 플라스틱 또는 고무 장갑을 착용하고 고추를 만지거나 자를 때 얼굴을 만지지 마십시오. jicama 를 씻고 껍질을 벗기고 다듬습니다. 주사위.

b) 100% 면 무명천의 깨끗한 2 층 6 인치 정사각형 조각에 피클링 스파이스와 계피를 놓습니다.

c) 모서리를 모아 깨끗한 끈으로 묶습니다. (또는 구입한 모슬린 양념 주머니를 사용하십시오.)

d) 4 쿼트 더치 오븐이나 소스 냄비에 피클링 스파이스 백, 식초, 설탕, 으깬 고추를 섞습니다. 끓여서 저어 설탕을 녹입니다. 깍둑썰기한 히카마, 피망, 양파, 핫소스를 넣고 저어줍니다. 혼합물을 다시 끓입니다.

e) 불을 줄이고 뚜껑을 덮고 중불에서 약 25 분 동안 끓입니다. 양념 주머니를 버립니다. 뜨거운 파인트 병에 렐리쉬를 채우고 1/2 인치 헤드스페이스를 남겨둡니다. 1/2 인치 헤드스페이스를 남기고 뜨거운 피클링 액체로 덮습니다.

f) 기포를 제거하고 필요한 경우 헤드스페이스를 조정합니다. 물에 적신 깨끗한 종이 타월로 병 테두리를 닦습니다.

g) 뚜껑을 조정하고 처리하십시오.

67. 톡 쏘는 토마토 라씨

재료:

- 다진 토마틸로 12 컵
- 다진 히카마 3 컵
- 다진 양파 3 컵
- 다진 매실형 토마토 6 컵
- 다진 청피망 1-1/2 컵
- 다진 빨간 피망 1-1/2 컵
- 다진 노란 피망 1-1/2 컵
- 통조림 소금 1 컵
- 물 2 쿼트
- 6 큰술 전체 혼합 피클링 스파이스
- 으깬 레드 페퍼 레이크 1 큰술(선택 사항)
- 설탕 6 컵
- 사이다 식초 6-1/2 컵(5%)

수확량: 약 6 또는 7 파인트

지도:

a) 토마틸로의 껍질을 제거하고 잘 씻는다. 히카마와 양파 껍질을 벗기세요. 손질 및 자르기 전에 모든 야채를 잘 씻으십시오.

b) 다진 토마틸로, 히카마, 양파, 토마토 및 모든 피망을 4 쿼트 더치 오븐이나 소스 냄비에 넣습니다. 통조림 소금을 물에 녹입니다. 준비된 야채를 부어줍니다. 끓을 때까지 가열하십시오. 5 분간 끓인다.

c) 무명천으로 안을 댄 여과기로 완전히 물기를 뺍니다(물이 더 이상 떨어지지 않을 때까지, 약 15~20 분).

d) 피클링 스파이스 및 옵션인 레드 페퍼 레이크를 깨끗한 이중 레이어, 6 인치 정사각형 조각에 놓습니다.

68. 무설탕 절인 비트

재료:

- 직경 2-1/2 인치 비트 7 파운드
- 원하는 경우 양파 4~6 개(직경 2~2-1/2 인치)
- 백식초 6 컵(5%)
- 통조림 또는 피클링 소금 1-1/2 티스푼
- 스플렌다 2 컵
- 물 3 컵
- 계피 스틱 2 개
- 정향 12 개

수확량: 약 8 파인트

지도:

a) 색이 번지는 것을 방지하기 위해 줄기와 뿌리를 1 인치 정도 남기고 비트 윗부분을 다듬습니다. 철저히 씻으십시오. 크기별로 정렬합니다.

b) 끓는 물과 비슷한 크기로 덮고 부드러워질 때까지 익힙니다(약 25~30 분). 주의: 액체를 비우고 버립니다. 멋진 사탕무.

c) 뿌리와 줄기를 다듬고 껍질을 벗겨냅니다. 1/4 인치 조각으로 자릅니다. 양파는 껍질을 벗기고 씻어서 얇게 썬다.

d) 식초, 소금, Splenda® 및 담수 3 컵을 대형 더치 오븐에 넣습니다. 무명천 가방에 계피 스틱과 정향을 묶고 식초 혼합물에 추가합니다.

e) 종기에 가져다. 사탕무와 양파를 추가하십시오. 끓인다

f) 5 분. 양념 주머니를 제거합니다. 핫 비트와 양파 슬라이스를 핫 파인트 병에 채우고 1/2 인치 헤드 스페이스를 남겨둡니다. 끓는 식초 용액으로 덮고 1/2 인치 헤드 스페이스를 남겨 둡니다.

g) 기포를 제거하고 필요한 경우 헤드스페이스를 조정합니다. 물에 적신 깨끗한 종이 타월로 병 테두리를 닦습니다.

h) 뚜껑을 조정하고 처리하십시오.

69. 달콤한 피클 오이

재료:

- 절인 오이 3-1/2 파운드
- 얇게 썬 오이를 덮을 끓는 물
- 사이다 식초 4 컵(5%)
- 물 1 컵
- Splenda® 3 컵
- 통조림 소금 1 큰술
- 겨자씨 1 큰술
- 통 올스파이스 1 큰술
- 셀러리 씨 1 큰술
- 1 인치 계피 스틱 4 개

수확량: 약 4~5 파인트 병

지도:

a) 오이를 씻으십시오. 꽃 끝의 1/16 인치를 슬라이스하고 버립니다. 오이를 1/4 인치 두께로 슬라이스합니다. 오이 슬라이스 위에 끓는 물을 붓고 5~10 분 동안 그대로 둡니다.

b) 뜨거운 물을 버리고 오이에 찬물을 붓습니다. 찬물을 오이 슬라이스 위로 계속 흐르게 하거나 오이가 식을 때까지 물을 자주 갈아줍니다. 슬라이스를 잘 배수하십시오.

c) 식초, 물 1 컵, Splenda® 및 모든 향신료를 10 쿼트 더치 오븐 또는 육수 냄비에 섞습니다. 종기에 가져다. 물기를 뺀 오이 슬라이스를 끓는 액체에 조심스럽게 넣고 다시 끓입니다.

d) 원하는 경우 각 뜨거운 빈 병에 시나몬 스틱을 하나씩 넣습니다. 뜨거운 피클 조각을 뜨거운 파인트 병에 채우고 1/2 인치 머리 공간을 남겨둡니다. 1/2 인치 헤드스페이스를 남기고 끓는 피클링 소금물로 덮습니다.

e) 기포를 제거하고 필요한 경우 헤드스페이스를 조정합니다. 물에 적신 깨끗한 종이 타월로 병 테두리를 닦습니다.

f) 뚜껑을 조정하고 처리하십시오.

70. 에스딜 피클

재료:

- 4 파운드(3~5 인치) 오이 절임
- 식초 6 컵(5%)
- 설탕 6 컵
- 통조림 또는 피클링 소금 2 큰술
- 셀러리 씨 1-1/2 티스푼
- 겨자씨 1-1/2 작은술
- 얇게 썬 큰 양파 2 개
- 신선한 딜 머리 8 개

수확량: 약 8 파인트

지도:

a) 오이를 씻으십시오. 꽃 끝의 1/16 인치 조각을 자르고 버립니다. 오이를 1/4 인치 조각으로 자릅니다. 식초, 설탕, 소금, 셀러리, 겨자씨를 큰 냄비에 넣고 섞습니다. 혼합물을 끓입니다.

b) 각 뜨거운 파인트 병의 바닥에 양파 2 조각과 딜 헤드 1/2 개를 놓습니다. 뜨거운 항아리에 오이 조각을 채우고 1/2 인치 헤드스페이스를 남겨둡니다.

c) 양파 1 조각과 딜 헤드 1/2 개를 얹습니다. 뜨거운 피클링 용액을 오이 위에 붓고 1/4 인치 헤드스페이스를 남겨둡니다.

d) 기포를 제거하고 필요한 경우 헤드스페이스를 조정합니다. 물에 적신 깨끗한 종이 타월로 병 테두리를 닦습니다.

e) 뚜껑을 조정하고 처리하십시오.

71. 달콤한 피클 슬라이스

재료:

- 4 파운드(3~4 인치) 오이 절임

브리닝 솔루션:

- 1 쿼트 증류 백식초(5%)
- 통조림 또는 피클링 소금 1 큰술
- 겨자씨 1 큰술
- 설탕 1/2 컵

통조림 시럽:

- 1-2/3 컵 증류 백식초(5%)
- 설탕 3 컵
- 통 올스파이스 1 큰술
- 셀러리 씨 2-1/4 티스푼

수확량: 약 4~5 파인트

지도:

a) 오이를 씻고 꽃 끝의 1/16 인치를 잘라 버립니다. 오이를 1/4 인치 조각으로 자릅니다. 냄비에 통조림 시럽 재료를 모두 넣고 끓입니다. 시럽을 사용할 때까지 뜨거운 상태로 유지하십시오.

b) 큰 주전자에 소금물 재료를 섞습니다. 자른 오이를 넣고 뚜껑을 덮고 오이가 밝은 녹색에서 탁한 녹색으로 변할 때까지 끓입니다(약 5~7 분). 오이 조각을 배수하십시오.

c) 뜨거운 병을 채우고 뜨거운 통조림 시럽으로 덮어 1/2 인치 헤드 공간을 남겨둡니다.

d) 기포를 제거하고 필요한 경우 헤드스페이스를 조정합니다. 물에 적신 깨끗한 종이 타월로 병 테두리를 닦습니다.

e) 뚜껑을 조정하고 처리하십시오.

잼과 젤리

72. 사과잼

재료:

- 껍질을 벗기고 코어를 제거하고 다진 배 2 컵
- 껍질을 벗기고 속을 파내고 다진 사과 1 컵
- 설탕 6-1/2 컵
- 계피 가루 1/4 작은술
- 병에 든 레몬 주스 1/3 컵
- 액체 펙틴 6 온스

수확량: 약 7~8 파인트

지도:

a) 큰 냄비에 사과와 배를 으깨고 계피를 넣고 저어줍니다.

b) 설탕과 레몬 주스를 과일과 완전히 섞고 계속 저어 주면서 고열로 끓입니다. 즉시 펙틴을 저어줍니다. 계속 저어주면서 완전히 끓이고 1 분 동안 세게 끓입니다.

c) 열에서 제거하고 재빨리 거품을 걷어낸 다음 1/4 인치 헤드 스페이스를 남기고 멸균된 병을 채웁니다. 물에 적신 깨끗한 종이 타월로 병 테두리를 닦습니다.

d) 뚜껑을 조정하고 처리하십시오.

73. 딸기대황젤리

재료:

- 대황의 붉은 줄기 1-1/2 파운드
- 잘 익은 딸기 1-1/2 쿼트
- 거품을 줄이기 위한 버터 또는 마가린 1/2 티스푼(선택사항)
- 설탕 6 컵
- 액체 펙틴 6 온스

수확량: 약 7 파인트

지도:

a) 루바브를 씻어서 1 인치 조각으로 자르고 섞거나 갈아줍니다. 냄비에 한 번에 한 겹씩 딸기를 씻고 줄기를 자르고 으깬다.

b) 두 과일을 젤리 백이나 두 겹의 무명천에 넣고 부드럽게 즙을 짜냅니다. 큰 냄비에 주스 3-1/2 컵을 계량합니다. 버터와 설탕을 넣고 완전히 주스에 섞습니다.

c) 끊임없이 저어 주면서 고열로 끓입니다. 즉시 펙틴을 저어줍니다. 계속 저어주면서 완전히 끓이고 1 분 동안 세게 끓입니다.

d) 열에서 제거하고 재빨리 거품을 걷어낸 다음 1/4 인치 헤드 스페이스를 남기고 멸균 병을 채웁니다. 물에 적신 깨끗한 종이 타월로 병 테두리를 닦습니다.

e) 뚜껑을 조정하고 처리하십시오.

74. 블루베리 스파이스 잼

재료:

- 잘 익은 블루베리 2-1/2 파인트
- 레몬즙 1 큰술
- 육두구 또는 계피 가루 1/2 작은술
- 설탕 5-1/2 컵
- 물 3/4 컵
- 가루 펙틴 1 박스(1-3/4oz)

수확량: 약 5 파인트

지도:

a) 냄비에 블루베리를 한 번에 한 겹씩 씻어 완전히 으깨십시오. 레몬즙, 향신료, 물을 넣습니다. 펙틴을 저어주고 자주 저어주면서 센 불에서 완전히 끓입니다.

b) 설탕을 넣고 다시 완전히 끓입니다. 계속 저어주면서 1 분 동안 열심히 끓입니다.

c) 열에서 제거하고 재빨리 거품을 걷어낸 다음 1/4 인치 헤드 스페이스를 남기고 멸균 병을 채웁니다. 물에 적신 깨끗한 종이 타월로 병 테두리를 닦습니다.

d) 뚜껑을 조정하고 처리하십시오.

75. 포도 매실 젤리

재료:

- 잘 익은 자두 3-1/2 파운드
- 잘 익은 콩코드 포도 3 파운드
- 물 1 컵
- 거품을 줄이기 위한 버터 또는 마가린 1/2 티스푼(선택사항)
- 설탕 8-1/2 컵
- 가루 펙틴 1 박스(1-3/4oz)

수확량: 약 10 파인트

지도:

a) 자두를 씻고 씨를 뿌린다. 껍질을 벗기지 마십시오. 물이 담긴 냄비에 자두와 포도를 한 번에 한 겹씩 완전히 으깨십시오. 끓여서 뚜껑을 덮고 10 분간 끓입니다.

b) 젤리 백이나 두 겹의 무명천을 통해 주스를 걸러냅니다. 설탕을 측정하고 따로 보관하십시오.

c) 큰 냄비에 주스 6-1/2 컵과 버터 및 펙틴을 섞습니다. 계속 저어 주면서 센 불로 끓입니다. 설탕을 넣고 다시 완전히 끓입니다. 계속 저어주면서 1 분 동안 열심히 끓입니다.

d) 열에서 제거하고 재빨리 거품을 걷어낸 다음 1/4 인치 헤드 스페이스를 남기고 멸균 병을 채웁니다. 물에 적신 깨끗한 종이 타월로 병 테두리를 닦습니다.

e) 뚜껑을 조정하고 처리하십시오.

76. 홍고추 젤리

재료:

- 다진 노란 피망 5 컵
- 다진 세라노 칠레 고추 $\frac{1}{2}$ 컵
- 백식초(5%) 1-1/2 컵
- 설탕 5 컵
- 액상 펙틴 1 봉지(3oz.)

수율: 반 파인트 병 약 5 개

지도:

a) 모든 고추를 철저히 씻으십시오. 고추에서 줄기와 씨를 제거하십시오. 블렌더나 푸드 프로세서에 달콤한 고추와 매운 고추를 넣습니다.

b) 후추를 퓌레로 만들기에 식초를 충분히 추가한 다음 퓌레로 만듭니다. 후추-식초 퓌레와 남은 식초를 8 쿼터 또는 10 쿼트 냄비에 넣습니다. 끓일 때까지 가열하십시오. 그런 다음 10 분간 끓여 풍미와 색을 추출합니다.

c) 열에서 제거하고 젤리 백을 통해 그릇에 넣습니다. (젤리 백이 선호되며 무명천을 여러 겹 사용할 수도 있습니다.)

d) 걸러진 후추-식초 주스 2-1/4 컵을 다시 냄비에 넣습니다. 설탕이 녹을 때까지 저어주고 혼합물을 다시 끓입니다. 펙틴을 넣고 다시 완전히 끓이다가 1 분 동안 계속 저으면서 세게 끓입니다.

e) 불을 끄고 재빨리 거품을 걷어낸 다음 1/4 인치 헤드 공간을 남기고 멸균된 병에 채웁니다. 물에 적신 깨끗한 종이 타월로 병 테두리를 닦습니다.

f) 뚜껑을 조정하고 처리하십시오.

77. 복숭아 파인애플 스프레드

재료:

- 물기를 뺀 복숭아 과육 4 컵
- 물기를 제거한 무가당 으깬 파인애플 2 컵
- 병에 든 레몬 주스 1/4 컵
- 설탕 2 컵(선택 사항)

수확량: 5-6 하프 파인트

지도:

a) 단단하고 잘 익은 복숭아 4~6 파운드를 철저히 씻으십시오. 잘 배수하십시오. 구덩이를 껍질을 벗기고 제거하십시오. 중간 또는 거친 칼날로 과육을 갈거나 포크로 으깨십시오(믹서기를 사용하지 마십시오).

b) 2 쿼터 냄비에 갈은 과일이나 으깬 과일을 넣습니다. 천천히 가열하여 주스를 방출하고 과일이 부드러워질 때까지 계속 저어줍니다.

c) 익힌 과일을 젤리 백이나 거름망에 4 겹의 무명천을 덧댄 곳에 넣습니다. 주스가 떨어지도록 15 분 정도 둡니다. 젤리나 다른 용도로 주스를 보관하십시오.

d) 스프레드를 만들기 위해 물기를 뺀 과일 펄프 4 컵을 측정합니다. 4 쿼트 냄비에 펄프, 파인애플, 레몬 주스 4 컵을 섞습니다. 원하는 경우 최대 2 컵의 설탕을 추가하고 잘 섞습니다. 눌어붙지 않도록 충분히 저어주면서 10~15 분 정도 가열하고 부드럽게 끓인다.

e) 1/4 인치 머리 공간을 남기고 뜨거운 병을 빠르게 채웁니다. 물에 적신 깨끗한 종이 타월로 병 테두리를 닦습니다.

f) 뚜껑을 조정하고 처리하십시오.

78. 냉장 사과 스프레드

재료:

- 무향 젤라틴 가루 2 큰술
- 무가당 사과 주스 1qt 병
- 병에 담긴 레몬 주스 2 큰술
- 원하는 경우 액체 저칼로리 감미료 2 큰술 식용 색소

수율: 4 하프 파인트

지도:

a) 냄비에 사과와 레몬 주스의 젤라틴을 부드럽게 합니다. 젤라틴을 녹이려면 완전히 끓이고 2 분간 끓입니다. 열에서 제거하십시오. 원하는 경우 감미료와 식용 색소를 저어줍니다.

b) 1/4 인치 헤드스페이스를 남기고 병을 채웁니다. 물에 적신 깨끗한 종이 타월로 병 테두리를 닦습니다. 뚜껑을 조정합니다. 가공하거나 동결하지 마십시오.

c) 냉장고에 보관하고 4 주 이내에 사용하십시오.

79. 냉장고 포도 스프레드

재료:

- 무향 젤라틴 가루 2 큰술
- 무가당 포도 주스 1 병(24oz)
- 병에 담긴 레몬 주스 2 큰술
- 액체 저칼로리 감미료 2 큰술

수확량: 3 파인트 반

지도:

a) 냄비에 포도와 레몬 주스의 젤라틴을 부드럽게 합니다. 젤라틴을 녹이기 위해 완전히 끓입니다. 1 분간 끓인 후 불에서 내립니다. 감미료를 저어주세요.

b) 1/4 인치 머리 공간을 남기고 뜨거운 병을 빠르게 채웁니다. 물에 적신 깨끗한 종이 타월로 병 테두리를 닦습니다.

c) 뚜껑을 조정합니다. 가공하거나 동결하지 마십시오.

d) 냉장고에 보관하고 4 주 이내에 사용하십시오.

80. 펙틴이 첨가되지 않은 사과 젤리

재료:

- 사과 주스 4 컵
- 원할 경우 걸러낸 레몬즙 2 큰술
- 설탕 3 컵

4~5 개의 하프 파인트 병을 만듭니다.

지도:

a) 주스를 준비합니다. 1/4 덜 익은 사과와 3/4 완전히 익은 시큼한 과일의 비율을 사용하십시오.

b) 줄기와 꽃 끝을 분류, 세척 및 제거합니다. 껍질을 벗기거나 코어하지 마십시오. 사과를 작은 조각으로 자릅니다. 물을 붓고 뚜껑을 덮고 센 불에서 끓입니다. 불을 줄이고 20~25 분 동안 또는 사과가 부드러워질 때까지 끓입니다. 주스를 추출하십시오.

c) 젤리를 만들기 위해, 주전자에 사과 주스를 계량합니다. 레몬즙과 설탕을 넣고 잘 저어줍니다. 물의 끓는점보다 8°F 이상 높거나 젤리 혼합물이 숟가락에서 시트에 떨어질 때까지 센 불로 끓입니다.

d) 열에서 제거하십시오. 거품을 빠르게 걷어냅니다. 뜨겁고 멸균된 통조림 병에 젤리를 즉시 붓습니다. 밀봉하고 끓는 수조에서 5 분 동안 처리합니다.

81. 펙틴이 첨가되지 않은 사과 마멀레이드

재료:

- 얇게 썬 사과 8 컵
- 오렌지 1 개
- 물 $1\frac{1}{2}$ 컵

- 설탕 5 컵
- 레몬즙 2 큰술

지도:

a) 과일을 준비합니다. 시큼한 사과를 선택하십시오. 사과를 씻고, 껍질을 벗기고, 4 등분하고, 씨를 뿌립니다. 얇게 썬다. 오렌지를 4 등분하고 씨를 제거한 다음 아주 얇게 자릅니다.

b) 마멀레이드를 만들기 위해. 설탕이 녹을 때까지 물과 설탕을 가열하십시오. 레몬 주스와 과일을 추가합니다. 물의 끓는점보다 9 °F 높거나 혼합물이 걸쭉해질 때까지 빠르게 끓이고 계속 저어줍니다. 열에서 제거하십시오. 윗더껑이.

c) 뜨겁고 멸균된 통조림 용기에 즉시 상단에서 $\frac{1}{2}$ 인치까지 붓습니다. 밀봉하다. 끓는 수조에서 5 분 동안 처리합니다.

d) 6 개 또는 7 개의 하프 파인트 병을 만듭니다.

82. 펙틴이 첨가되지 않은 블랙베리 젤리

재료:

- 블랙베리 주스 8 컵
- 설탕 6 컵

지도:

a) 주스를 준비합니다. 덜 익은 열매의 1/4 과 잘 익은 과일의 3/4 비율을 선택하십시오. 분류하고 씻으십시오. 스템이나 캡을 제거하십시오. 열매를 으깨고 물을 넣고 뚜껑을 덮고 센 불에서 끓입니다. 불을 줄이고 5 분간 끓인다. 주스를 추출하십시오.

b) 젤리를 만들기 위해. 주스를 주전자에 넣습니다. 설탕을 넣고 잘 저어주세요. 물의 끓는점보다 8°F 이상 높거나 젤리 혼합물이 숟가락에서 시트에 떨어질 때까지 센 불로 끓입니다.

c) 열에서 제거하십시오. 거품을 빠르게 걷어냅니다. 뜨겁고 멸균된 통조림 병에 젤리를 즉시 붓습니다. 밀봉하고 끓는 수조에서 5 분간 처리합니다.

7 개 또는 8 개의 하프 파인트 병을 만듭니다.

83. 분말 펙틴을 곁들인 체리 젤리

재료:

- 체리 주스 3 ½ 컵
- 분말 펙틴 1 봉지
- 설탕 4 ½ 컵

지도:

a) 주스를 준비합니다. 완전히 익은 체리를 선택하십시오. 줄기를 분류, 세척 및 제거합니다. 구덩이하지 마십시오. 체리를 부수고 물을 넣고 뚜껑을 덮고 센 불에서 끓입니다. 불을 줄이고 10 분간 끓인다. 주스를 추출하십시오.

b) 젤리를 만들기 위해. 주스를 주전자에 넣습니다. 펙틴을 넣고 잘 저어줍니다. 센 불에 놓고 계속 저어주면서 완전히 끓어 넘칠 정도로 빠르게 끓입니다.

c) 설탕을 넣고 계속 저어준 다음 완전히 끓을 때까지 다시 가열합니다. 1 분간 열심히 끓입니다.

d) 열에서 제거하십시오. 거품을 빠르게 걷어냅니다. 뜨겁고 멸균된 통조림 병에 젤리를 즉시 붓습니다. 밀봉하고 끓는 수조에서 5 분간 처리합니다.

약 6 개의 8 온스 병을 만듭니다.

84. 가루 펙틴을 곁들인 체리 잼

재료:

- 씨를 뺀 체리 4 컵
- 분말 펙틴 1 봉지
- 설탕 5 컵

지도:

a) 과일을 준비합니다. 완전히 익은 체리를 분류하고 씻으십시오. 줄기와 구덩이를 제거하십시오. 체리를 갈거나 잘게 썬다.

b) 잼을 만들기 위해. 미리 손질한 체리를 주전자에 계량합니다. 펙틴을 넣고 잘 저어줍니다. 센 불에 놓고 계속 저으면서 전체 표면에 거품이 생기도록 빠르게 완전히 끓입니다.

c) 설탕을 넣고 계속 저어준 다음 완전히 보글보글 끓을 때까지 다시 가열합니다. 계속 저어주면서 1 분 동안 열심히 끓입니다. 열에서 제거하십시오; 웃더껑이.

d) 뜨겁고 멸균된 통조림 용기에 즉시 상단에서 ¼ 인치까지 붓습니다. 밀봉하고 끓는 수조에서 5 분 동안 처리합니다.

반 파인트 병 6 개를 만듭니다.

85. 액체 펙틴을 넣은 무화과 잼

재료:

- 으깬 무화과 4 컵(무화과 약 3 파운드)
- 레몬즙 $\frac{1}{2}$ 컵
- 설탕 7 $\frac{1}{2}$ 컵
- $\frac{1}{2}$ 병 액상 펙틴

지도:

a) 과일을 준비합니다. 완전히 익은 무화과를 분류하고 씻으십시오. 줄기 끝을 제거하십시오. 과일을 으깨거나 갈기.

b) 잼을 만들기 위해. 으깬 무화과와 레몬즙을 주전자에 넣습니다. 설탕을 넣고 잘 저어주세요. 센 불에 놓고 계속 저어주면서 표면 전체에 거품이 생기도록 빠르게 끓입니다. 계속 저어주면서 1 분 동안 열심히 끓입니다.

c) 열에서 제거하십시오. 펙틴을 저어주세요. 거품을 재빨리 걷어냅니다. 뜨겁고 멸균된 통조림 용기에 즉시 상단에서 $\frac{1}{4}$ 인치까지 붓습니다. 밀봉하고 끓는 수조에서 5 분 동안 처리합니다.

약 9 개의 하프 파인트 병을 만듭니다.

86. 블랙 페퍼를 곁들인 포도 젤리

재료:

- 포도즙 5 컵
- 분말 펙틴 1 봉지
- 설탕 7 컵

지도:

a) 주스를 준비합니다. 완전히 익은 포도에서 줄기를 분류, 세척 및 제거합니다. 포도를 으깨고 물을 붓고 뚜껑을 덮고 센 불에서 끓입니다. 불을 줄이고 10 분간 끓인다. 착즙액..

b) 젤리를 만들기 위해. 주스를 주전자에 넣습니다. 펙틴을 넣고 잘 저어줍니다. 센 불에 놓고 계속 저어주면서 완전히 끓어 넘칠 정도로 빠르게 끓입니다.

c) 설탕을 넣고 계속 저어준 다음 다시 완전히 끓입니다. 1 분간 열심히 끓입니다.

d) 열에서 제거하십시오. 거품을 빠르게 걷어냅니다. 뜨겁고 멸균된 통조림 병에 젤리를 즉시 붓습니다. 밀봉하고 끓는 수조에서 5 분 동안 처리합니다.

8 개 또는 9 개의 하프 파인트 병을 만듭니다.

87. 액상 펙틴이 함유된 민트 파인애플 잼

재료:

- 20 온스 하나. 으깬 파인애플 통조림 물 $\frac{3}{4}$ 컵
- $\frac{1}{4}$ 컵 레몬 주스
- 설탕 7 $\frac{1}{2}$ 컵
- 액상 펙틴 1 병 민트 추출물 $\frac{1}{2}$ 티스푼 녹색 색소 몇 방울

지도:

a) 으깬 파인애플을 주전자에 넣습니다. 물, 레몬즙, 설탕을 넣습니다. 잘 저어.

b) 센 불에 놓고 계속 저으면서 전체 표면에 거품이 생기도록 빠르게 완전히 끓입니다. 계속 저어주면서 1 분 동안 열심히 끓입니다. 열에서 제거하십시오. 펙틴, 풍미 추출물 및 착색제를 첨가하십시오. 윗더껑이.

c) 뜨겁고 멸균된 통조림 용기에 즉시 상단에서 $\frac{1}{4}$ 인치까지 붓습니다. 밀봉하고 끓는 수조에서 5 분 동안 처리합니다.

9 개 또는 10 개의 하프 파인트 병을 만듭니다.

88. 야채 펙틴이 함유된 혼합 과일 젤리

재료:

- 크랜베리 주스 2 컵
- 마르멜로 주스 2 컵
- 사과 주스 1 컵
- 설탕 7 $\frac{1}{2}$ 컵
- 액체 펙틴 $\frac{1}{2}$ 병

지도:

a) 과일을 준비합니다. 완전히 익은 크랜베리를 분류하고 씻으십시오. 물을 붓고 뚜껑을 덮고 센 불에서 끓입니다. 불을 줄이고 20 분간 끓인다. 주스를 추출하십시오.

b) 모과를 분류하고 씻으십시오. 줄기와 꽃 끝을 제거하십시오. 껍질을 벗기거나 코어하지 마십시오. 아주 얇게 썰거나 작은 조각으로 자릅니다. 물을 붓고 뚜껑을 덮고 센 불에서 끓입니다. 열을 줄이고 25 분 동안 끓입니다. 주스를 추출하십시오.

c) 사과를 분류하고 씻으십시오. 줄기와 꽃 끝을 제거하십시오. 껍질을 벗기거나 코어하지 마십시오. 작은 조각으로 자릅니다. 물을 붓고 뚜껑을 덮고 센 불에서 끓입니다. 불을 줄이고 20 분간 끓인다. 주스를 추출하십시오.

d) 젤리를 만들기 위해. 주스를 주전자에 넣습니다. 설탕을 저어주세요. 센 불에 놓고 계속 저으면서 완전히 끓어 넘칠 정도로 끓입니다.

e) 펙틴을 넣고 다시 완전히 끓입니다. 1 분간 열심히 끓입니다.

f) 열에서 제거하십시오. 거품을 빠르게 걷어냅니다. 뜨겁고 멸균된 통조림 병에 젤리를 즉시 붓습니다. 밀봉하고 끓는 수조에서 5 분간 처리합니다.

8 온스 병 9 개 또는 10 개를 만듭니다.

89. 오렌지 젤리

재료:

- 설탕 3 ¼ 컵
- 물 1 컵
- 레몬즙 3 큰술 액체 펙틴 ½ 병
- 6 온스 캔(¾ 컵) 냉동 농축 오렌지 주스 1 개

지도:

a) 설탕을 물에 저어주세요. 센 불에 놓고 계속 저으면서 완전히 끓어 넘칠 정도로 끓입니다.

b) 레몬 주스를 추가하십시오. 1 분간 열심히 끓입니다.

c) 열에서 제거하십시오. 펙틴을 저어주세요. 해동한 농축 오렌지 주스를 넣고 잘 섞는다.

d) 뜨겁고 멸균된 통조림 병에 젤리를 즉시 붓습니다. 밀봉하고 끓는 수조에서 5 분 동안 처리합니다.

4~5 개의 하프 파인트 병을 만듭니다.

90. 매운 오렌지 젤리

재료:

- 오렌지 주스 2 컵
- 레몬즙 1/3 컵
- 물 2/3 컵
- 분말 펙틴 1 봉지
- 다진 오렌지 껍질 2 큰술
- 올스파이스 1 티스푼
- 통 정향 ½ 작은술
- 계피 스틱 4 개, 길이 2 인치
- 설탕 3 ½ 컵

지도:

a) 큰 냄비에 오렌지 주스, 레몬 주스, 물을 섞습니다.

b) 펙틴을 저어주세요.

c) 깨끗한 흰색 천에 오렌지 껍질, 피망, 정향, 계피 스틱을 느슨하게 놓고 끈으로 묶은 다음 과일 혼합물을 추가합니다.

d) 센 불에 놓고 계속 저으면서 완전히 끓어 넘칠 정도로 끓입니다.

e) 설탕을 넣고 계속 저은 다음 완전히 끓을 때까지 다시 가열합니다. 1 분간 열심히 끓입니다.

f) 열에서 제거하십시오. 양념 봉지를 꺼내 거품을 재빨리 걷어냅니다. 뜨겁고 멸균된 통조림 병에 젤리를 즉시 붓습니다. 밀봉하고 끓는 수조에서 5 분간 처리합니다.

반 파인트 병 4 개를 만듭니다.

91. 오렌지 마멀레이드

재료:

- 자몽 껍질 $\frac{3}{4}$ 컵($\frac{1}{2}$ 자몽)
- 오렌지 껍질 $\frac{3}{4}$ 컵(오렌지 1 개)
- 레몬 껍질 13/컵(레몬 1 개)
- 냉수 1 쿼트
- 자몽 1 개의 과육
- 중간 크기 오렌지 4 개의 펄프
- 레몬즙 2 컵
- 끓는 물 2 컵
- 설탕 3 컵

지도:

a) 과일을 준비합니다. 과일을 씻고 껍질을 벗기십시오. 껍질을 얇게 자릅니다. 찬물을 넣고 뚜껑이 있는 팬에서 부드러워질 때까지 끓입니다(약 30 분). 물을 빼다.

b) 껍질을 벗긴 과일에서 씨와 막을 제거하십시오. 과일을 작은 조각으로 자릅니다.

c) 마멀레이드를 만들기 위해. 껍질과 과일에 끓는 물을 넣으십시오. 설탕을 넣고 자주 저어주면서 물의 끓는점보다 9°F 이상으로 빠르게 끓입니다(약 20 분). 열에서 제거하십시오. 웃더껑이.

d) 뜨겁고 멸균된 통조림 용기에 즉시 상단에서 $\frac{1}{4}$ 인치까지 붓습니다. 밀봉하고 끓는 수조에서 5 분 동안 처리합니다.

3~4 개의 하프 파인트 병을 만듭니다.

92. 살구 오렌지 보존

재료:

- 다진 물기를 뺀 살구 3 ½ 컵
- 오렌지 주스 1 ½ 컵
- 잘게 썬 오렌지 ½ 개 껍질
- 레몬즙 2 큰술
- 설탕 3 ¼ 컵
- 다진 견과류 ½ 컵

지도:

a) 말린 살구를 준비합니다. 뚜껑을 덮지 않은 살구를 물 3 컵에 넣고 부드러워질 때까지 익힙니다(약 20 분). 물기를 빼고 자른다.

b) 절약하기 위해. 견과류를 제외한 모든 재료를 합친다. 물의 끓는점보다 9 °F 이상 또는 걸쭉해질 때까지 계속 저어가며 요리합니다. 견과류를 추가하십시오. 잘 저어. 열에서 제거하십시오. 윗더껑이.

c) 뜨겁고 멸균된 통조림 용기에 즉시 상단에서 ¼ 인치까지 붓습니다. 밀봉하고 끓는 물 중탕에서 5 분 동안 처리합니다.

약 5 개의 하프 파인트 병을 만듭니다.

93. 분말 펙틴을 곁들인 복숭아 잼

재료:

- 으깬 복숭아 3 $\frac{3}{4}$ 컵
- 레몬즙 $\frac{1}{2}$ 컵
- 분말 펙틴 1 봉지
- 설탕 5 컵

지도:

a) 과일을 준비합니다. 완전히 익은 복숭아를 분류하고 씻으십시오. 줄기, 껍질 및 구멍이를 제거하십시오. 복숭아를 으깨십시오.

b) 잼을 만들기 위해. 으깬 복숭아를 주전자에 계량합니다. 레몬 주스와 펙틴을 첨가하십시오; 잘 저어. 센 불에 놓고 계속 저어주면서 표면 전체에 거품이 생기도록 빠르게 끓입니다.

c) 설탕을 넣고 계속 저은 다음 다시 가열하여 보글보글 끓습니다. 계속 저어주면서 1 분 동안 열심히 끓입니다. 열에서 제거하십시오. 윗더껑이.

d) 뜨겁고 멸균된 통조림 용기에 즉시 상단에서 $\frac{1}{4}$ 인치까지 붓습니다. 밀봉하고 끓는 물 중탕에서 5 분 동안 처리합니다.

약 6 개의 하프 파인트 병을 만듭니다.

94. 매운 블루베리 복숭아잼

재료:

- 잘게 썰거나 갈은 복숭아 4 컵
- 블루베리 4 컵
- 레몬즙 2 큰술
- 물 $\frac{1}{2}$ 컵
- 설탕 5 $\frac{1}{2}$ 컵
- 소금 $\frac{1}{2}$ 작은술
- 계피 스틱 1 개
- 정향 $\frac{1}{2}$ 티스푼
- 올스파이스 $\frac{1}{4}$ 작은술

지도:

a) 과일을 준비합니다. 완전히 익은 복숭아를 분류하고 씻으십시오. 구덩이를 껍질을 벗기고 제거하십시오. 복숭아를 자르거나 갈기.

b) 신선한 블루베리에서 줄기를 분류, 세척 및 제거합니다.

c) 냉동 딸기를 해동하십시오.

d) 잼을 만들기 위해, 과일을 주전자에 담습니다. 레몬 주스와 물을 넣으십시오. 뚜껑을 덮고 끓인 다음 가끔 저어주면서 10 분 동안 끓입니다.

e) 설탕과 소금을 첨가하십시오; 잘 저어. 치즈 천으로 묶인 향신료를 추가하십시오. 물의 끓는점보다 9 °F 이상 높거나 혼합물이 걸쭉해질 때까지 계속 저으면서 빠르게 끓입니다.

f) 뜨겁고 멸균된 통조림 용기에 즉시 상단에서 $\frac{1}{4}$ 인치까지 붓습니다. 밀봉하고 끓는 물 중탕에서 5 분 동안 처리합니다.

6 개 또는 7 개의 하프 파인트 병을 만듭니다.

95. 복숭아 오렌지 마멀레이드

재료:

- 잘게 썰거나 갈은 복숭아 5 컵
- 잘게 썰거나 간 오렌지 1 컵

지도:

a) 잘게 썬 오렌지 1 개 껍질 레몬즙 2 큰술 설탕 6 컵

b) 과일을 준비합니다. 완전히 익은 복숭아를 분류하고 씻으십시오. 복숭아를 자르거나 갈기.

c) 오렌지의 껍질, 흰 부분, 씨를 제거합니다.

d) 펄프를 자르거나 갈기.

e) 마멀레이드를 만들기 위해. 준비된 과일을 주전자에 계량합니다. 나머지 재료를 넣고 잘 저어줍니다. 물의 끓는점보다 9 °F 이상 또는 혼합물이 걸쭉해질 때까지 계속 저으면서 빠르게 끓입니다. 열에서 제거하십시오. 웃더껑이.

f) 뜨겁고 멸균된 통조림 용기에 즉시 상단에서 $\frac{1}{4}$ 인치까지 붓습니다. 밀봉하고 끓는 물 중탕에서 5 분 동안 처리합니다.

6 개 또는 7 개의 하프 파인트 병을 만듭니다.

96. 야채 펙틴이 함유된 파인애플 잼

재료:

- 20 온스 통조림 파인애플 1 개
- 레몬즙 3 큰술
- 설탕 3 $\frac{1}{4}$ 컵
- 액체 펙틴 $\frac{1}{2}$ 병

지도:

a) 주전자에 파인애플과 레몬 주스를 섞습니다. 설탕을 넣고 잘 저어주세요. 센 불에 놓고 계속 저어주면서 표면 전체에 거품이 생기도록 빠르게 끓입니다.

b) 계속 저어주면서 1 분 동안 열심히 끓입니다.

c) 열에서 제거하십시오. 펙틴을 저어주세요. 웃더껑이.

d) 5 분 동안 그대로 둡니다.

e) 뜨겁고 멸균된 통조림 용기에 즉시 상단에서 $\frac{1}{4}$ 인치까지 붓습니다.

f) 밀봉하고 끓는 물 중탕에서 5 분 동안 처리합니다.

4~5 개의 하프 파인트 병을 만듭니다.

97. 액상 펙틴 함유 자두 젤리

재료:

- 매실액 4 컵
- 설탕 7 $\frac{1}{2}$ 컵
- 액체 펙틴 $\frac{1}{2}$ 병

지도:

a) 주스를 준비합니다. 완전히 익은 자두를 분류하고 씻어서 조각으로 자릅니다. 껍질을 벗기거나 구멍을 뚫지 마십시오. 과일을 으깨고 물을 넣고 뚜껑을 덮고 센 불에서 끓입니다. 불을 줄이고 10 분간 끓인다. 주스를 추출하십시오.

b) 젤리를 만들기 위해. 주스를 주전자에 넣습니다. 설탕을 저어주세요. 센 불에 놓고 계속 저으면서 완전히 끓어 넘칠 정도로 끓입니다.

c) 펙틴을 첨가하십시오; 다시 완전히 끓입니다. 1 분간 열심히 끓입니다.

d) 열에서 제거하십시오. 거품을 빠르게 걷어냅니다. 뜨겁고 멸균된 통조림 병에 젤리를 즉시 붓습니다. 밀봉하고 끓는 수조에서 5 분 동안 처리합니다.

7 개 또는 8 개의 하프 파인트 병을 만듭니다.

98. 펙틴이 첨가되지 않은 모과 젤리

재료:

- 마르멜로 주스 3 ¾ 컵
- 레몬즙 1/3 컵
- 설탕 3 컵

지도:

a) 주스를 준비합니다. 덜 익은 모과의 약 1/4 과 완전히 익은 과일의 3/4 비율을 선택합니다. 줄기와 꽃 끝을 분류, 세척 및 제거합니다. 껍질을 벗기거나 코어하지 마십시오. 모과를 아주 얇게 썰거나 작은 조각으로 자릅니다.

b) 물을 붓고 뚜껑을 덮고 센 불에서 끓입니다. 열을 줄이고 25 분 동안 끓입니다. 주스를 추출하십시오.

c) 젤리를 만들기 위해. 마르멜로 주스를 주전자에 계량합니다. 레몬 주스와 설탕을 넣으십시오. 잘 저어. 물의 끓는점보다 8 °F 이상 높거나 젤리 혼합물이 숟가락에서 시트를 형성할 때까지 센 불로 끓입니다.

d) 열에서 제거하십시오. 거품을 빠르게 걷어냅니다. 뜨겁고 멸균된 통조림 병에 젤리를 즉시 붓습니다. 밀봉하고 끓는 수조에서 5 분간 처리합니다.

약 4 개의 8 온스 병을 만듭니다.

99. 가루 펙틴을 곁들인 딸기 잼

재료:

- 다진 딸기 5 $\frac{1}{2}$ 컵
- 분말 펙틴 1 봉지
- 설탕 8 컵

지도:

a) 과일을 준비합니다. 완전히 익은 딸기를 분류하고 씻으십시오. 스템과 캡을 다시 이동합니다. 크러시 베리.

b) 잼을 만들기 위해, 으깬 딸기를 주전자에 계량합니다. 펙틴을 넣고 잘 저어줍니다. 센 불에 놓고 계속 저으면서 전체 표면에 거품이 생기도록 빠르게 완전히 끓입니다.

c) 설탕을 넣고 계속 저은 다음 다시 가열하여 보글보글 끓습니다. 계속 저어주면서 1 분 동안 열심히 끓입니다. 열에서 제거하십시오; 웃더껑이.

d) 뜨겁고 멸균된 통조림 용기에 즉시 상단에서 $\frac{1}{4}$ 인치까지 붓습니다. 밀봉하고 끓는 물 중탕에서 5 분 동안 처리합니다.

9 개 또는 10 개의 하프 파인트 병을 만듭니다.

100. 투티 프루티잼

재료:

- 다진 배 또는 다진 배 3 컵
- 큰 오렌지 1 개
- 물기를 제거한 으깬 파인애플 $\frac{3}{4}$ 컵
- 다진 마라스키노 체리 $\frac{1}{4}$ 컵
- $\frac{1}{4}$ 컵 레몬 주스
- 분말 펙틴 1 봉지
- 설탕 5 컵

지도:

a) 과일을 준비합니다. 잘 익은 배를 분류하고 씻으십시오. 파레와 코어. 배를 자르거나 갈기. 오렌지 껍질을 벗기고 씨를 제거하고 펄프를 자르거나 갈아줍니다.

b) 잼을 만들기 위해. 다진 배를 주전자에 담습니다. 오렌지, 파인애플, 체리, 레몬 주스를 추가합니다. 펙틴을 저어주세요.

c) 센 불에 놓고 계속 저으면서 전체 표면에 거품이 생기도록 빠르게 완전히 끓입니다.

d) 설탕을 넣고 계속 저어준 다음 완전히 보글보글 끓을 때까지 다시 가열합니다. 계속 저어주면서 1 분 동안 열심히 끓입니다. 열에서 제거하십시오; 웃더껑이.

e) 뜨겁고 멸균된 통조림 용기에 즉시 상단에서 $\frac{1}{4}$ 인치까지 붓습니다. 밀봉하고 끓는 물 중탕에서 5 분 동안 처리합니다.

6 개 또는 7 개의 하프 파인트 병을 만듭니다.

결론

이 요리책에는 집에서 더 안전하고 품질이 좋은 음식을 통조림으로 만들기 위한 새로운 연구 기반 권장 사항이 많이 포함되어 있습니다. 통조림을 처음 접하는 사람들을 위한 귀중한 자료집입니다. 숙련된 통조림 제조자는 통조림 작업을 개선하는 데 도움이 되는 업데이트된 정보를 찾을 수 있습니다.

Milton Keynes UK
Ingram Content Group UK Ltd.
UKHW020713310723
426074UK00018B/1216

9 781835 316641